사랑은
율법의 완성

사랑장

사랑은
율법의 완성

이재록 목사

우림

사랑은 이웃에게
악을 행치 아니하나니
그러므로 사랑은 율법의 완성이니라

롬 13:10

영적인 사랑으로
새 예루살렘을 소유할 수 있기를

영국의 한 광고회사가 큰 상을 내걸고 전 국민을 대상으로 퀴즈를 냈습니다. 스코틀랜드 에든버러에서 런던까지 가장 빨리 가는 방법을 묻는 것이었습니다. 수많은 응모작을 제치고 채택된 답은 바로 '사랑하는 사람과 함께 간다'였습니다. 사랑하는 사람과 함께하면 아무리 먼 길을 간다 해도 그 길이 가깝고 그 시간이 짧게 느껴지기 때문입니다.

마찬가지로 우리가 하나님을 사랑하면 하나님 말씀대로 행하는 것이 결코 어렵지 않습니다(요일 5:3). 하나님은 우리를 힘들게 하려고 율법을 주시고 계명을 지키라 하신 것이 아닙니다. 율법이란 히브리어 '토라'에서 온 말로 '규범, 교훈'이라는 뜻이 있습니다. 보통 십계명을 중심으로 한 모세오경을 말하지만, 성경 66권 하나님 말씀 전체를 일컫거나, 그중에서 '하라, 하지 말라, 지키라, 버리라'는 계명들을 말하기도 합니다. 대개 율법과 사랑은 별개인 것처럼 생각하기 쉽지만 이 둘은 떼려야 뗄 수 없는 관계입니다. 사랑은 하나님께 속한 것으로 하나님을 사랑하지 않으면 율법을 온전히 지킬 수가 없고 모든 율법은 사랑의 마음을 가지고 행할 때라야 온전케 되기 때문입니다.

사랑의 위력을 보여 주는 일화가 있습니다. 한 사람이 경비행기를 타고 사막을 횡단하다가 추락하고 말았습니다. 그는 세계적인 재벌의 아들이었습니다. 그의 아버지는 수색대를 동원하여 아들을 찾다가 찾지 못하자 수백만 장의 전단을 사막에 뿌립니다. 한정된 지면에는 다음과 같은 글을 넣었습니다. "아들아, 너를 사랑한다." 사막을 헤매던 아들은 그 전단을 보고 힘을 얻었고 결국 희망의 끈을 놓지 않고 살아남아 구출되었습니다. 아버지의 진실한 사랑이 아들을 살린 것입니다. 사막에 뿌린 전단과 같이 우리

노 많은 영혼에게 하나님의 사랑을 전달할 사명이 있습니다.

율법을 주신 하나님께서는 죄인 된 인류를 구원하기 위해 독생자 예수님을 이 땅에 보내심으로 자신의 사랑을 확증하셨습니다. 공의를 뛰어넘는 사랑으로 율법을 완성하신 것입니다. 그러나 예수님 당시 율법주의자들은 형식에만 치우칠 뿐 하나님의 참된 사랑을 알지 못했습니다. 결국 하나님이 보내신 독생자 예수님을 '율법을 폐지하는 신성모독자'로 낙인찍으며 십자가에 못 박았지요. 율법에 담긴 하나님 사랑을 깨닫지 못했기 때문입니다.

고린도전서 13장에는 '영적인 사랑'의 표본이 잘 나와 있습니다. 죄로 죽을 수밖에 없는 우리를 구원하기 위해 독생자를 보내신 하나님 사랑과 하늘 영광을 뒤로 하고 이 땅에 오셔서 십자가에 달려 죽으시기까지 우리를 사랑하신 주님의 참사랑이 흐르고 있습니다. 우리도 광야 같은 세상에서 죽어가는 많은 영혼에게 하나님 사랑을 전달하려면 영적인 사랑을 깨우치고 실천해야 합니다.

금번에 영적인 사랑을 얼마나 이루었는지, 얼마나 진리로 변화되었는지 점검할 수 있도록 핸디북을 발간하게 되었습니다. 가볍고 작아 휴대가 편하며 언제 어디서나 쉽게 읽을 수 있습니다. 책자 발간을 위해 수고하신 빈금선 편집국장과 우림북 직원들에게 감사드리며, 이 책을 읽는 분들마다 사랑으로 율법을 완성하여 가장 아름다운 천국 새 예루살렘을 소유하시기 바랍니다.

2013년 12월

이재록 목사

글 머리에

진리로 변화되어
온전한 사랑을 이루시길

한 케이블 방송에서 기혼 여성을 대상으로 설문조사를 했습니다. "만약 결혼을 다시 선택할 수 있다면 지금의 남편과 결혼하겠는가?" 하는 조사였습니다. 결과가 어떻게 나왔을까요? 충격적이게도 지금의 남편과 다시 결혼하겠다는 사람은 불과 4퍼센트밖에 되지 않았다고 합니다. 분명 사랑해서 결혼했을 텐데 왜 세월이 지나면서 마음이 바뀐 것일까요? 바로 영적인 사랑을 하지 않았기 때문입니다. 『사랑은 율법의 완성』은 이런 영적인 사랑을 우리에게 전하고 있습니다.

1부 '사랑의 의미' 편에서는 부부간의 사랑, 부모 자녀 간의 사랑, 친구 간의 사랑, 이웃 간의 사랑 등 사람들 간에 생겨나는 여러 사랑의 형태를 살펴보면서 영적인 사랑과 육적인 사랑을 깨달게 합니다. 영적인 사랑은 대가를 바라지 않고 상대를 한결같은 마음으로 사랑하는 것입니다. 반면 육적인 사랑은 상황과 조건에 따라 이랬다 저랬다 변하는 것이니 영적인 사랑이 얼마나 귀하고 아름다운지 알 수 있습니다.

2부 '사랑장의 사랑' 편에서는 고린도전서 13장을 크게 셋으로 나누어 설명하고 있습니다. 첫 번째 '하나님이 원하시는 사랑'(고전 13:1~3)은 사랑장의 서론 부분으로서 영적인 사랑의 중요성을 강조합니다. 두 번째 '사랑의 항목'(고전 13:4~7)은 사랑장의 본론 부분으로서 영적인 사랑의 특성 15가지를 구체적으로 알려 줍니다. 세 번째 '온전한 사랑'은 사랑장의 결론 부분으로서 믿음과 소망은 우리가 천국에 가기 위해 한시적으로 필요한 것이지만 사랑은 천국에서도 영원한 것임을 깨닫게 합니다.

3부 '사랑은 율법의 완성' 편에서는 사랑으로 율법을 완성하는 것이 무엇인지 설명하면서 이 땅에 인간을 경작하시는 '하나님의 사랑'과 우리를 위해 구원의 길을 열어 주신 '그리스도의 사랑'을 전하며 마무리했습니다.

총 1,189장으로 이루어진 성경 중에서 사랑장이 차지하는 비중은 한 장 분량에 불과합니다. 하지만 그 안에 어마어마한 보화가 숨겨져 있는 보물지도와 같습니다. 새 예루살렘에 가는 길을 자세히 알려 주기 때문입니다. 아무리 지도가 있고 길을 잘 알아도 가지 않으면 아무 소용이 없습니다. 곧 행함이 없으면 소용이 없지요.

우리가 진리인 하나님 말씀을 듣고 행하는 만큼 하나님께서 기뻐하시는 영적인 사랑을 소유할 수 있습니다. 영적인 사랑을 소유하면 이 땅에서도 하나님 사랑과 축복을 받으며 종국에는 가장 아름다운 천국 새 예루살렘에 들어가게 됩니다. 사랑은 하나님께서 인간을 창조하시고 경작하시는 목적입니다. 하나님을 첫째로 사랑하고 이웃을 내 몸과 같이 사랑하여 당당히 새 예루살렘 진주문을 여는 열쇠를 얻을 수 있기를 기원드립니다.

2013년 12월
빈금선 편집국장

CONTENTS Love is the Fulfillment of the Law

너희가 만일 너희를 사랑하는 자를 사랑하면

칭찬받을 것이 무엇이뇨

죄인들도 사랑하는 자를 사랑하느니라

눅 6:32

1

사랑의 의미

영적인 사랑
Spiritual Love

사랑하는 자들아 우리가 서로 사랑하자

사랑은 하나님께 속한 것이니 사랑하는 자마다 하나님께로 나서

하나님을 알고 사랑하지 아니하는 자는 하나님을 알지 못하나니

이는 하나님은 사랑이심이라 요일 4:7~8

사랑이라는 단어는 듣기만 해도 우리를 행복하고 가슴 설레게 합니다. 누군가를 사랑하며, 사는 날 동안 변함없이 사랑을 주고받을 수 있다면 그보다 더한 행복은 없을 것입니다. 간혹 사랑의 힘으로 죽음을 이겨내고 환경을 변화시키며 삶을 아름답게 일군 사람들이 있습니다. 사랑은 행복의 필수요건이며, 사랑에는 삶을 변화시키는 위대한 힘이 있기 때문입니다.

사전에는 사랑을 아끼고 위하며 한없이 베푸는 일, 또는 그 마음을 말하며 남녀 간에 정을 들여 애틋하게 그리는 일, 그러한 관계나 상대라고 정의합니다. 그러나 하나님께서 말씀하시는 사랑은 더 높은 차원의 사랑, 곧 영적인 사랑입니다. 영적인 사랑은 상대의 유익을 구하며 기쁨과 소망과 생명을 줄 뿐만 아니라 영원히 변함이 없습니다. 이 땅에 사는 동안 당장 눈앞의 유익만 주는 것이 아니라 영혼을 구원으로 이끌어 영원한 생명을 주는 사랑입니다.

남편을 교회로 인도한 아내 이야기

열심히 신앙생활을 하는 여 성도가 있었습니다. 그런데 남편은 교회 나가는 것을 트집 잡고 못살게 굴었습니다. 핍박 속에서도 아내는 새벽마다 교회에 나가 남편을 위해 기도했습니다. 하루는 아내가 품속에 남편의 신발을 안고 새벽 기도

하러 갔습니다. 신발을 품에 안은 채 "하나님 오늘은 이렇게 신발만 교회에 나왔습니다. 다음에는 신발 주인도 함께 올 수 있게 해 주세요." 하고 눈물을 흘리며 기도했지요.

시간이 흐른 뒤 놀라운 일이 일어났습니다. 남편이 교회에 나온 것이지요. 상황은 이랬습니다. 언제부터인가 남편이 출근하기 위해 집을 나설 때마다 신발에서 온기가 느껴져 이상했습니다. 그 후 우연히 자신의 신발을 품에 안고 기도하러 가는 아내의 모습을 보고 뒤따라가 보니 교회로 들어가는 것이 아닙니까.

화가 났지만 자신의 신발을 들고 교회에서 무엇을 하는지 궁금하여 몰래 들어가 앉았습니다. 아내가 신발을 품에 꼭 안은 채 중얼중얼 기도를 시작하여 살며시 들어보니 구구절절 남편을 위한 기도였습니다. 순간 코끝이 찡해 오면서 아내에 대한 미안함으로 가득했지요. 결국 남편은 아내의 사랑과 정성에 감동을 받아 열심히 신앙생활하게 되었습니다.

대부분 이런 경우 "저의 남편이 신앙생활하지 못하게 핍박합니다. 핍박하지 않도록 기도해 주세요."라고 간청합니다. 그러면 제가 "빨리 성결을 이루어 영으로 들어오세요. 그게 문제를 해결하는 길입니다."라고 대답해 줍니다. 죄를 버리고 영으로 들어오는 만큼 영적인 사랑을 남편에게 주지 않겠습니까. 자신을 희생하며 중심에서 섬기고 사랑하는 아내를 어찌

핍박하겠습니까.

이전에는 '남편 탓'이었는데 이제는 '내 탓'임을 고백하며 겸손히 자신을 낮춥니다. 그럴 때 영적인 빛이 어둠을 물리치기 때문에 핍박하던 남편이 변화되는 것입니다. 어느 누가 자신을 괴롭히는 사람을 위해 눈물을 흘리며 기도하겠습니까? 누가 외롭고 소외된 이웃을 위해 희생하며 진심 어린 사랑을 전할 수 있겠습니까? 바로 주님으로부터 참사랑을 배운 하나님의 자녀라면 할 수 있습니다.

다윗과 요나단의 한결같은 사랑과 우정

요나단은 이스라엘 초대 왕 사울의 아들입니다. 그는 다윗이 물맷돌로 블레셋 적장 골리앗을 쓰러뜨리는 모습을 보면서 하나님의 신이 임한 용사임을 알아보았습니다. 자신도 군대를 이끄는 장수였기에 그의 용맹함이 흠모되었고 마음이 뜨거워졌습니다. 그때부터 요나단은 다윗을 자기 생명같이 아끼고 사랑하며 깊은 우정을 쌓아갑니다. 요나단이 다윗을 어찌나 사랑했던지 그에게라면 어떠한 것을 내주어도 아깝지 않았습니다.

"요나단의 마음이 다윗의 마음과 연락되어 요나단이 그를 자기 생명같이 사랑하니라 … 요나단은 다윗을 자기 생명같이 사랑하여 더불어 언약을 맺었으며 요나단이 자기의 입었던 겉옷을 벗어 다윗에게 주었고 그 군복과 칼과 활과 띠도 그리하였더라"(삼상 18:1~4)

백성의 사랑을 한몸에 받는 다윗의 존재가 어쩌면 눈엣가시처럼 곱지 않게 보일 수도 있습니다. 요나단은 사울의 장남으로서 왕위를 이어받을 수 있는 후계자였기 때문입니다. 하지만 그에게는 사심이나 욕심이 없었기에 왕이라는 직책에 연연하지 않았습니다. 오히려 사울이 왕위를 지키기 위해 다윗을 죽이려고 혈안이 되었을 때에 생명의 위험을 무릅쓰고 다윗을 구해 줍니다. 이러한 사랑이 죽을 때까지 한결같았습니다. 요나단이 길보아 전투에서 전사하자 다윗은 식음을 폐하고 요나단의 죽음을 슬퍼했습니다.

"내 형 요나단이여 내가 그대를 애통함은 그대는 내게 심히 아름다움이라 그대가 나를 사랑함이 기이하여 여인의 사랑보다 승하였도다"(삼하 1:26)

왕이 된 다윗은 요나단을 생각하며 그의 하나뿐인 아들 므비보셋을 찾아 사울의 재산을 모두 돌려주고 왕궁에서 자신의 아들처럼 돌봐 줍니다(삼하 9장). 이처럼 영적인 사랑은 비록 자신에게 유익이 되지 않고 해가 될지라도 생명이 다하기까지 한결같은 마음으로 사랑하는 것입니다. 어떤 대가를 바라거나 나에게 잘해 준다고 해서 사랑하는 것이 아닙니다. 아무 조건 없이 순수하게 자기를 희생하며 상대를 위해 한결같이 줄 수 있는 사랑입니다.

우리를 향한 하나님과 주님의 변함없는 사랑

누구나 살면서 육적인 사랑 때문에 마음의 괴로움을 겪어 보았을 것입니다. 쉽게 변하고 마는 사랑에 아파하고 외로워할 때 우리를 위로하고 친구가 되어 주시는 분이 있습니다. 바로 주님입니다. 주님은 아무 죄와 허물이 없는데도 사람들에게 외면당하고 멸시를 받으셨기에(사 53:3) 누구보다 우리 마음을 잘 아십니다. 하늘 영광을 뒤로 하고 이 땅에 오셔서 고난의 길을 가심으로 우리의 참된 위로자이며 친구가 되셨습니다. 십자가에서 죽으시기까지 우리에게 참된 사랑을 주셨지요.

하나님을 영접하기 전, 저는 온갖 질병으로 고통받으면서 가난의 아픔과 외로움을 절절히 느껴보았습니다. 7년간 계속된 투병생활 끝에 남은 것이라고는 병든 몸과 눈덩이처럼 불어나는 빚, 멸시와 천대, 외로움과 절망감뿐이었지요. 믿고 사랑했던 많은 사람이 제 곁을 떠났습니다. 우주의 미아처럼 철저히 혼자라고 느꼈던 그 순간 제게 찾아오신 분이 있는데 바로 하나님이셨습니다. 하나님을 만나면서 모든 질병을 치료받고 새 생명을 얻어 새로운 삶을 살게 되었습니다.

하나님이 주신 사랑은 값없는 사랑이었습니다. 제가 먼저 사랑한 것이 아닙니다. 하나님이 먼저 찾아와 손내밀어 주셨습니다. 신앙생활을 시작한 뒤 성경을 읽으면서 나를 향한 하나님의 사랑 고백을 들을 수 있었습니다.

"여인이 어찌 그 젖먹는 자식을 잊겠으며 자기 태에서 난 아들을 긍휼히 여기지 않겠느냐 그들은 혹시 잊을지라도 나는 너를 잊지 아니할 것이라 내가 너를 내 손바닥에 새겼고 너의 성벽이 항상 내 앞에 있나니"(사 49:15~16)

"하나님의 사랑이 우리에게 이렇게 나타난 바 되었으니 하나님이 자기의 독생자를 세상에 보내심은 저로 말미암아 우리를 살리려 하심이니라 사랑은 여기 있으니 우리가 하나님을 사랑한 것이 아니요 오직 하나님이 우리를 사랑하사 우리 죄를 위하여 화목제로 그 아들을 보내셨음이니라"(요일 4:9~10)

모두가 떠나버렸다고 고통스럽게 몸부림치던 그 순간에도 나를 놓지 않으신 하나님, 그 사랑을 깨달았을 때 한없는 눈물이 쏟아졌습니다. 고통의 세월이 있었기에 하나님의 사랑이 참임을 깊이 느낄 수 있었고 이제는 수많은 영혼의 마음을 위로하고 감싸줄 수 있는 주의 종이 되어 그 은혜를 갚고자 충성하며 달려가는 것입니다.

하나님은 사랑 자체이십니다. 하나님께서는 죄인인 우리를 위해 독생자 예수님을 이 땅에 보내 주셨습니다. 그리고 온갖 아름답고 값진 것들로 천국의 처소를 예비하시고 하루를 천 년같이 우리를 기다리고 계시지요. 조금만 마음을 열어도 하나님의 섬세하고 풍성한 사랑을 느낄 수 있습니다.

"창세로부터 그의 보이지 아니하는 것들 곧 그의 영원하신 능력과 신성이 그 만드신 만물에 분명히 보여 알게 되나니 그러므로 저희가 핑계치 못할지니라"(롬 1:20)

아름다운 자연을 한번 생각해 보시기 바랍니다. 푸른 하늘과 바다, 산천초목은 우리가 구원받아 천국에 갈 때까지 이 땅에서도 천국을 소망할 수 있도록 하나님께서 지어 주신 것들이지요. 해안을 두드리는 물결 속에서, 춤추듯 빛나는 별빛 속에서, 거대한 폭포의 웅장한 함성 속에서, 한 줄기 스쳐 지나가는 바람 속에서조차 "너를 사랑한다, 너를 사랑한다." 속삭이시는 하나님의 숨결을 느낄 수 있습니다. 이러한 하나님의 자녀로 택함 받고 사랑받은 우리는 어떤 사랑을 해야 하겠습니까? 자신의 유익에 맞지 않으면 변질되는 헛된 사랑이 아닌 영원하고 참된 사랑을 해야 하겠습니다.

육적인 사랑
Fleshly Love

너희가 만일 너희를 사랑하는 자를 사랑하면

칭찬받을 것이 무엇이뇨

죄인들도 사랑하는 자를 사랑하느니라 눅 6:32

산들바람에 춤추듯 밀려오는 푸른 물결, 드넓은 갈릴리 호수를 등지고 수많은 사람 앞에 한 사람이 서 있습니다. 모두 숨죽인 채 그의 말에 귀를 기울입니다. 나지막한 동산에 끝이 보이지 않을 만큼 옹기종기 모여 앉은 사람들에게 빛과 소금이 되라 하시며 원수까지 사랑해야 함을 부드럽지만 분명한 어조로 말씀하십니다.

"너희가 너희를 사랑하는 자를 사랑하면 무슨 상이 있으리요 세리도 이같이 아니하느냐 또 너희가 너희 형제에게만 문안하면 남보다 더하는 것이 무엇이냐 이방인들도 이같이 아니하느냐"(마 5:46~47)

예수님 말씀처럼 자신에게 잘해 주는 사람, 유익이 되는 사람을 사랑하는 것은 하나님을 알지 못하는 사람이나 악한 사람도 할 줄 압니다. 겉보기에는 그럴 듯해 보이나 실제로는 참이 아닌 가짜 사랑도 있습니다. 시간이 흐르면 변질되어 조그만 일에도 쉽게 깨지는 육적인 사랑이지요.

육적인 사랑은 세월이 흐르고 상황과 조건이 달라지면 얼마든지 바뀔 수 있습니다. 자신의 유익에 따라 이랬다 저랬다 쉽게 변하며, 먼저 받아야 주고 자신에게 유익이 되어야 베풀지요. 내가 준 만큼 상대에게서 받기 원하는 것, 상대가 주지 않으면 서운해하고 아쉬워하는 것도 결국 육적인 사랑입니다.

부모와 자녀 간의 사랑

자녀를 위해 끝없이 베푸는 부모의 사랑을 생각하면 가슴 뭉클한 감동이 밀려옵니다. 부모가 정성을 다해 자녀를 뒷바라지하면서도 힘들다 하지 않는 것은 자녀를 사랑하기 때문입니다. 자신이 먹고 입는 것보다 자녀에게 좋은 것을 주기 원하는 것이 부모의 마음입니다. 그러나 부모가 자녀를 생각하는 마음 한편에는 대개 자신의 유익을 구하는 마음이 깔려 있지요.

진정 사랑한다면 자기 유익을 구하지 않고 자녀를 위해 생명도 줄 수 있어야 합니다. 그런데 자기 유익과 영광을 위해서 자녀를 키우는 부모들이 얼마나 많습니까. "다 너 잘되라고 그러는 거야."라고 말하지만 사실은 자신의 만족을 채우거나 자랑하기 위해 자신의 뜻대로 자녀를 이끌려는 경우가 많습니다. 자녀가 진로나 배우자를 선택할 때 부모의 뜻과 다르면 극구 반대하며 서운해하는 것입니다. 결국 자녀를 위한 헌신과 희생이 대가를 바라는 조건적인 사랑이었음을 말해 줍니다.

자녀의 사랑은 더 말할 나위 없습니다. 긴병에 효자 없다는 말처럼 부모가 늙고 병들어 소생할 희망이 없으면 차츰 자신의 희생을 힘들어합니다. 어렸을 때에는 "결혼 안 하고 엄마랑 살 거야, 아빠랑 살 거야." 하며 평생 함께할 것 같습니다. 하지만 성장하면 자연스레 품에서 떠나 살기 바쁘다는 이유로 소홀해집니다. 심지어 요즈음은 사람들의 마음이 죄악에 무디어져 부모가 자녀를 죽이고 자녀가 부모를 죽이는 패륜적인 일들도 비일비재하게 일어납니다.

부부간의 사랑

결혼하여 한 몸을 이룬 부부의 사랑은 어떨까요? 남녀가 연애할 때 보면 "당신 아니면 못 산다. 언제까지나 변함없이 당신을 사랑하겠다." 하는 등 온갖 달콤한 말로 사랑을 고백합니다. 막상 결혼하면 어떻습니까? "당신 때문에 내가 못 살겠다. 내가 속았다."며 상대를 원망하기도 합니다.

사랑한다 고백해 놓고 결혼한 뒤에는 가문, 학식, 교양, 성격 등이 안 맞다며 헤어지자는 표현을 예사로 씁니다. 남편은 음식이 조금만 입에 안 맞아도 "음식이 이게 뭐야! 도대체 먹을 게 없네." 하며 아내를 타박합니다. 또 아내는 남편의 수입이 적으면 "누구네는 벌써 과장 되고 누구는 이사로 승진했는데 당신은 언제 승진할 거냐. 누구네는 넓은 집을 사고 차도 바꿨다는데 우리는 이게 뭐냐…"라며 남편을 자극합니다.

우리나라 가정 폭력에 대한 어느 통계를 보면 배우자에게 폭력을 행사한 경우가 전체 부부의 절반 가까이 이른다고 합니다. 얼마나 많은 부부가 처음 가졌던 마음을 잊고 서로 미워하고 다투며 힘들게 삽니까. 요즘에는 신혼여행 갔다가 헤어져서 돌아오는 부부도 많고 결혼 후 이혼에 이르는 시간도 점점 짧아진다고 합니다. 뜨겁게 사랑해서 결혼했지만 함께 살다 보니 단점이 보이고, 생각이나 취향도 다르므로 사사건건 부딪히면서 사랑이라 생각했던 감정이 다 식고 마는 것입니다.

서로 간에 별다른 문제가 없다 해도 시간이 지나면 서로에게 익숙해지고, 첫사랑의 설렘이 사라지니 다른 이성에게 눈길을 돌리기도 합니다. 아침에 일어난 아내의 부스스한 모습에 실망하고 나이가 들고 살이 찌니 매력이 없다고 느낍니다. 오래될수록 사랑도 더 깊어져야 하는데 그렇지 못한 경우가 많지요. 결국 자신의 유익을 구하는 육적인 사랑임을 보여 줍니다.

형제간의 사랑

한 부모 밑에 태어나 어릴 적부터 함께 자라난 형제는 아무래도 남보다는 각별한 사이입니다. 형제는 서로에게 의지가 되고 많은 부분을 함께 공유하며 애정을 쌓아갑니다. 하지만 서로 간에 경쟁의식을 느끼며 시기 질투의 대상이 되기도 합니다.

첫 아이는 동생의 출생으로 부모의 사랑을 빼앗겼다는 상실감과 부담감을 느끼기 쉽고, 둘째 아이는 자신보다 힘이 세고 많이 아는 형에게 열등감을 느끼거나 불안해합니다. 형과 동생을 모두 가진 아이는 형에게 열등감을 갖고 동생에게 양보해야 한다는 부담과 부모의 관심을 받지 못한다는 피해의식을 느낄 수 있지요. 이러한 감정을 제대로 다스리지 못한 채 성장하면 형제 사이가 원만하지 못합니다.

인류 최초의 살인도 형제간에 일어났습니다. 하나님의 축복을 놓고 가인이 동생 아벨을 시기한 데서 비롯되었지요. 그 뒤로도 형제간의 다툼은 끊임없이 이어졌습니다. 요셉은 형들의 미움을 받아 다른 나라에 노예로 팔려갔고, 다윗의 아들 압살롬은 배다른 형 암논을 하수인을 시켜 죽이고 맙니다. 오늘날도 형제끼리 부모의 유산을 두고 다투며 원수가 되는 일이 얼마나 많습니까? 오히려 남보다 못한 사이가 되는 일도 많이 있지요.

이렇게 심한 경우가 아니라 해도 결혼하고 각자 가정을 꾸리고 나면 아무래도 형제에게 소홀해집니다. 내 자녀, 내 가족, 내 생활이 앞서다 보니 소홀해지는 것입니다. 저는 6남매의 막내로 태어나 형과 누나들의 사랑을 많이 받고 자랐지만 막상 질병으로 7년이나 몸져누워 있으니 상황이 달라졌습니다. 점점 형제들에게 짐스런 존재가 되어갔지요. 형제들도 아픈 동생을 돕고자 어느 정도까지 노력했지만 결국 소생할 희망은 보이지 않고 한계에 이르니 차츰 외면하는 것을 보았습니다.

이웃 간의 사랑

한국 사람들은 가까이 지내는 이웃을 형제나 다를 바 없다 하여 '이웃사촌'이라 부릅니다. 그만큼 이웃끼리 친분이 두텁다는 의미이지요. 농사를 짓던 과거에는 상부상조의 전통으로 서로에게 힘이 되어 주는 소중한 존재였습니다. 그러나 이 말도 점차 옛말이 되어갑니다. 요즘은 철저한 경비 시스템을 이용하여 문을 굳게 걸어 잠그고 이웃에 누가 사는지도 모르는 경우가 태반입니다.

남들에게 관심이 없기 때문에 이웃이 누구인지 알려고도 하지 않습니다. 얼굴조차 마주치지 못하는 상황이고 보니 서로에 대한 배려는 찾아보기 힘들고 불신하기까지 합니다. 오직 '나 자신'과 '내 가족'만을 중요하게 여깁니다. 또 이웃이 조금만 피해를 준다고 느끼면 앞뒤 잴 것 없이 배척하거나 맞서 싸우려 합니다. 이웃끼리 고소하고 주차 문제 등 사소한 일로 얼굴 붉히며 다투는 일이 얼마나 잦습니까. 심지어

위층 아파트 주민이 밤늦게 쿵쿵거리며 다닌다는 이유로 흉기를 휘두르는 일까지 있다고 합니다.

친구 간의 사랑

친구의 사랑은 어떻습니까? 끝까지 내 편이 되어 줄 것이라고 철석같이 믿었던 친구의 배신으로 큰 상처를 받기도 합니다. 어떤 경우에는 자신이 부도 직전이라 급히 돈이 필요하다며 친구에게 목돈을 부탁하거나 담보를 서 달라고 합니다. 만일 친구가 부탁을 거절하면 배신감을 느끼며 두 번 다시 만나지 않으려고 하지요. 누가 잘못한 것입니까?

정말 사랑하는 친구라면 상대에게 고통을 주지 않습니다. 만약 부도가 난다면 담보를 서 준 친구와 그의 가족까지 고통당할 것은 불을 보듯 뻔합니다. 그런 위험을 감수하게 하는 것이 사랑입니까? 그것은 사랑이 아닙니다. 오늘날 이런 일이 얼마나 많습니까. 더구나 하나님 말씀에 믿음의 형제간에 돈 거래나 담보, 보증 서는 일을 금하셨기 때문에 불순종할 경우 사단의 역사가 따르고 같이 망하는 경우가 대부분입니다.

"내 아들아 네가 만일 이웃을 위하여 담보하며 타인을 위하여 보증하였으면 네 입의 말로 네가 얽혔으며 네 입의 말로

인하여 잡히게 되었느니라"(잠 6:1~2)

"너는 사람으로 더불어 손을 잡지 말며 남의 빚에 보증이
되지 말라"(잠 22:26)

어떤 사람은 이모저모 실리(實利)를 따져 친구를 사귀는
것이 지혜롭다고 생각합니다. 오늘날에는 순수한 사랑으로
이웃이나 친구를 위해 자신의 시간과 정성, 물질을 아낌없이
내주는 경우가 극히 드뭅니다. 저는 어려서부터 유난히 친구
가 많았습니다. 하나님을 알기 전, 의리를 생명처럼 여겼기에
어떤 상황에서도 우정이 변함없으리라 생각했습니다. 이러한
사랑도 결국 자신의 유익을 좇아 변한다는 사실을 병상에 있
을 때 뼈저리게 느꼈습니다.

처음에는 친구들이 좋다는 곳을 수소문하여 저를 데리고
다녔지만 차도가 없으니 하나 둘 떠나고 연락조차 꺼리는 것
이었습니다. 나중에는 술 친구, 노름 친구들만 남는 것을 보
았습니다. 그들도 저를 사랑해서가 아니라 소일거리를 위한
장소가 필요해 저를 찾았던 것이지요. 나름대로 사랑한다고
하지만 자신의 유익에 맞지 않으면 쉽게 변하는 것이 육적인
사랑입니다.

부모와 자녀, 부부, 형제, 친구, 이웃 간에 자기 유익을 구

하지 않으며 변함이 없다면 얼마나 좋겠습니까? 바로 영적인 사랑이지요. 그러나 대부분 그렇지 못하기 때문에 그 안에서 참 만족을 얻지 못합니다. 가족을 비롯하여 주변 사람에게 끊임없이 사랑을 갈구하지만 그럴수록 목마름을 해소하기 위해 바닷물을 들이키는 것처럼 더욱 타는 목마름을 느낄 뿐입니다.

파스칼은 사람의 마음에는 하나님으로밖에 채울 수 없는 마음의 공간이 있다고 했습니다. 하나님의 사랑이 채워지지 않으면 참된 만족을 느낄 수 없고 알 수 없는 공허감에 시달리는 것입니다. 그러면 세상에 영원히 변치 않는 영적인 사랑은 없는 것일까요? 그렇지 않습니다. 흔히 볼 수 있는 것은 아니지만 분명 있습니다. 고린도전서 13장에는 참된 사랑에 대해 분명하게 제시하고 있습니다.

"사랑은 오래 참고 사랑은 온유하며 투기하는 자가 되지 아니하며 사랑은 자랑하지 아니하며 교만하지 아니하며 무례히 행치 아니하며 자기의 유익을 구치 아니하며 성내지 아니하며 악한 것을 생각지 아니하며 불의를 기뻐하지 아니하며 진리와 함께 기뻐하고 모든 것을 참으며 모든 것을 믿으며 모든 것을 바라며 모든 것을 견디느니라"(고전 13:4~7)

하나님께서는 이러한 사랑을 영적인 사랑, 진정한 사랑이라고 말씀하십니다. 하나님의 사랑을 알고 진리로 변화된 사람이라면 서로 간에 얼마든지 영적인 사랑으로 승화시킬 수 있습니다. 비록 자신에게 유익이 되지 않고 해가 될지라도 생명 다하기까지 한결같은 마음으로 사랑하는 영적인 사랑을 할 수 있기를 바랍니다.

간혹 사람들 중에는 하나님을 사랑한다고 착각하는 경우가 있습니다. 자신이 얼마나 참사랑을 이루었는지 측정하기 위해서는 시험과 연단을 만났을 때 마음과 행함을 살펴보면 됩니다. 얼마나 중심에서 기뻐하고 감사하는지, 하나님의 뜻을 좇아 행하는지 살펴볼 때 참사랑을 이룬 정도를 스스로 점검할 수 있습니다.

영적인 사랑을 점검하는 방법

만일 원망 불평하며 세상 방법을 찾고 사람을 의지한다면 참사랑이 아닙니다. 하나님 사랑을 단지 지식으로만 알고 있다는 증거입니다. 마치 위조지폐가 진짜 돈 같아 보이지만 종잇조각에 불과하듯이 지식으로 아는 사랑도 마찬가지입니다. 아무런 가치가 없습니다. 어떤 어려운 일을 당해도 주님을 향한 마음이 변함없고 오직 하나님을 의지한다면 그만큼 참사랑을 이루었다 할 수 있습니다.

내가 사람의 방언과 천사의 말을 할지라도

사랑이 없으면 … 내게 아무 유익이 없느니라

사랑은 오래 참고 사랑은 온유하며 …

그런즉 믿음, 소망, 사랑, 이 세 가지는

항상 있을 것인데 그중에 제일은 사랑이라

고전 13:1~13

2

사랑장의 사랑

하나님이
원하시는 사랑
Love God Wants Us to Have

내가 사람의 방언과 천사의 말을 할지라도 …

내가 내게 있는 모든 것으로 구제하고

또 내 몸을 불사르게 내어 줄지라도

사랑이 없으면 내게 아무 유익이 없느니라 고전 13:1~3

남아프리카의 한 고아원에서 있었던 일입니다. 아이들이 언제부터인가 시름시름 앓기 시작하더니 그 수가 점점 늘어났습니다. 시간이 지나도 정확한 원인을 찾지 못하자 다급해진 고아원 측은 세계적인 의사들을 초빙하여 아이들을 진단하게 했습니다. 면밀한 조사와 연구 끝에 의사들이 내린 처방전에는 이런 내용이 적혀 있었다고 합니다. "아이들이 깨어 있을 때 10분씩 안아 주고 사랑을 표현해 줄 것!"

놀랍게도 처방전대로 했더니 원인을 알 수 없던 질병이 차츰 사라졌다고 합니다. 아이들에게 필요했던 것은 무엇보다 따뜻한 사랑이었기 때문입니다. 아무리 의식주 문제가 해결되고 모든 것이 풍족하다 해도 사랑이 없으면 삶의 희망도, 살아갈 의욕도 사라집니다. 사랑은 이처럼 우리 삶에 있어 가장 중요한 요소라고 해도 과언이 아닙니다. 하물며 그 사랑이 변함없는 참사랑, 영적인 사랑이라면 어떻겠습니까?

영적인 사랑의 중요성

사랑장이라 불리우는 고린도전서 13장을 보면 영적인 사랑에 대해 설명하기에 앞서 사랑의 중요성에 대해 강조하고 있습니다. 우리가 사람의 방언과 천사의 말을 할지라도 영적인 사랑이 없으면 소리 나는 구리와 울리는 꽹과리와 같이 아무 소용이 없기 때문입니다.

'사람의 방언'이란 성령의 은사 중 하나인 방언의 은사를 말하는 것이 아닙니다. 영어, 일어, 불어, 러시아어 등 지구상에서 사람들이 사용하는 모든 언어를 의미합니다. 인간의 문명이나 지식이 언어에 의해 체계화되고 전수되는 만큼 언어의 힘은 참으로 큽니다. 자신의 감정이나 생각을 말로 표현하고 전달하여 무수한 사람을 설득하거나 감동을 주기도 하지요. 이처럼 사람의 말에는 사람을 움직이는 힘이 있고 많은 일을 성취할 수 있는 능력이 있습니다.

또 '천사의 말'이란 매우 아름다운 말을 뜻합니다. 천사는 영적인 존재로서 아름다움을 상징합니다. 사람들은 아름다운 목소리로 고운 말을 하는 사람을 볼 때 "천사같이 말한다." 표현하기도 하지요. 하나님께서는 유창한 사람의 말이나 천사의 말처럼 황홀할 만큼 아름다운 말이라도 사랑이 없으면 소리 나는 구리와 시끄러운 꽹과리와 같다 말씀합니다(고전 13:1).

사실 묵직한 쇠나 구리는 두드려도 요란한 소리를 내지 않습니다. 구리가 소리를 낸다는 것은 속이 비었거나 가볍다는 증거입니다. 얇은 놋쇠로 만들어진 꽹과리가 요란한 소리를 내는 것도 이 때문이지요. 마치 빈 수레가 요란하고 익지 않은 벼일수록 고개를 뻣뻣이 드는 것과 같은 이치입니다. 이는 사람도 마찬가지입니다. 우리 마음에 사랑이 가득 채워져서 하나님을 닮은 참 아들, 딸이 될 때라야 인간을 경작하시는 하나님 앞에 알곡으로서 가치가 있지요. 반대로 사랑이 없는 사람은 쭉정이에 불과합니다. 왜일까요?

요한일서 4장 7~8절을 보면 "사랑하는 자들아 우리가 서로 사랑하자 사랑은 하나님께 속한 것이니 사랑하는 자마다 하나님께로 나서 하나님을 알고 사랑하지 아니하는 자는 하나님을 알지 못하나니 이는 하나님은 사랑이심이라" 말씀합니다. 즉 사랑하지 않는 사람은 사랑이신 하나님과 상관이 없으므로 알맹이가 빠진 쭉정이와 같다는 것입니다.

이런 사람의 말은 아무리 유창하고 아름다워도 참 기쁨과 생명을 줄 수도 없으니 아무런 가치도 없습니다. 가볍고 속이 비어 있어서 요란한 소리를 내는 구리나 꽹과리처럼 오히려 듣는 사람에게 불쾌함을 주지요. 반면에 사랑이 담긴 말은 생명을 살리는 놀라운 능력이 있습니다. 예수님의 삶에서 그 증거를 찾을 수 있습니다.

생명을 살리는 실속 있는 사랑

하루는 예수님이 성전에서 사람들을 가르치시는데 서기관

들과 바리새인들이 한 여인을 끌고 옵니다. 여인은 간음하다 현장에서 들켜 잡혀온 것입니다. 보란 듯이 여인을 끌고 온 서기관들과 바리새인들의 눈빛에서는 일말의 동정심조차 찾아볼 수 없습니다.

"선생이여 … 모세는 율법에 이러한 여자를 돌로 치라 명하였거니와 선생은 어떻게 말하겠나이까"(요 8:4~5)

이스라엘에서 율법은 하나님 말씀이자 법입니다. 이 율법에는 간음한 사람을 돌로 쳐 죽이라는 조항이 있습니다. 그 조항에 따라 끌려온 여인에게 돌로 치라 한다면 평소 예수님이 "원수도 사랑하라"는 가르침을 스스로 뒤집는 것과 같습니다. 반대로 "용서하라" 한다면 율법을 거스르는 명백한 죄입니다. 하나님 말씀을 정면으로 거스르는 일입니다.

예수님을 함정에 빠뜨릴 기회를 얻었다 생각한 서기관들과 바리새인들은 한껏 의기양양해졌지요. 이런 그들의 마음을 잘 아는 예수님은 아무 말 없이 돌연 몸을 구푸리고 손가락으로 땅에 무엇인가 쓰셨습니다. 그리고는 일어나 말씀하십니다.

"너희 중에 죄 없는 자가 먼저 돌로 치라"(요 8:7)

예수님이 다시 몸을 굽혀 손가락으로 땅에 쓰시니 저희가 하나씩 하나씩 나가고 결국 예수님과 여인만 남았지요. 예수님은 율법을 어기지 않으면서도 여인의 생명을 살리신 것입니다.

　　표면적으로만 보면 서기관들과 바리새인들의 말은 하나님의 율법을 말한 것이니 잘못되지 않았습니다. 하지만 그 말에 담긴 의도나 마음은 예수님과는 매우 달랐습니다. 그들은 어찌하든 상대를 해치려는 마음이었고 예수님은 어찌하든 영혼을 살리려는 마음이었지요.

　　우리가 이런 예수님의 마음을 품는다면 "무슨 말로 상대에게 힘이 될까?", "어떻게 하면 진리로 나오게 할까?" 기도하며 말 한마디를 하더라도 상대에게 생명을 주고자 할 것입니다. 어떤 사람들은 하나님 말씀으로 무조건 상대를 설득하려 하거나 지적하여 자신의 생각에 맞지 않고 거슬리는 부분을 고치려 합니다. 비록 그 말이 백 번 옳다 해도 사랑에서 비롯되지 않았다면 상대를 변화시킬 수 없고 참 생명을 줄 수도 없습니다.

　　그러므로 늘 자신을 돌아보아 나의 의와 틀 가운데 말하고 있지 않는지, 그 말이 생명을 살리는 사랑에서 비롯된 것인지 점검해야 합니다. 그 어떤 유창한 말보다 영적인 사랑이 담긴 말 한마디가 목마른 영혼을 시원케 하고 아파하는 영혼에게 기쁨과 위로를 주는 생명의 물이요, 값진 보석이 되는 것입니다.

자신을 희생하는 행함 있는 사랑

일반적으로 예언이란 앞일을 짐작하여 말하는 것입니다. 성경적으로 본다면 어떤 목적을 두고 성령의 감동 속에 하나님의 마음을 전달받아 앞일을 말하거나 예측하는 것입니다. 예언은 사람의 뜻대로 할 수 있는 것이 아닙니다. 베드로후서 1장 21절에 "예언은 언제든지 사람의 뜻으로 낸 것이 아니요 오직 성령의 감동하심을 입은 사람들이 하나님께 받아 말한 것임이니라" 한 대로 성령의 감동을 입은 사람이 하나님께 받아 말하는 것입니다. 이런 예언의 은사는 아무에게나 나타나는 것이 아닙니다. 자칫 교만해질 수 있기 때문에 죄를 버리고 성결하지 않으면 주시지 않습니다.

사랑장에서 말하는 '예언하는 능'이란 특정한 사람에게만 주어지는 은사만을 뜻하는 것이 아닙니다. 예수 그리스도를 믿고 진리 안에 들어온 사람이면 누구나 장래 일을 알고 말할 수 있는 것을 말합니다. 곧 주님께서 장차 공중 강림하시면 구원받은 사람은 휴거되어 7년 혼인 잔치에 들어가고, 구원받지 못하면 7년 환난을 겪고 백보좌 대심판 후 지옥에 갈 것을 알고 있습니다. 하나님의 자녀들이 이처럼 예언하는 능이 있다 해도 모두에게 참사랑이 임해 있는 것이 아닙니다. 결국 영적인 사랑이 없으면 자기의 유익에 따라 변질되기 때문에 아무 쓸모가 없습니다. 결국 그 능력은 사랑보다 앞설 수 없는 것입니다.

또한 '비밀'이란 만세 전에 감추어진 비밀, 곧 '십자가의 도'를 말합니다(고전 1:18). 십자가의 도란 인류를 구원하기 위한 섭리로서 만세 전부터 예비하신 하나님의 주권적인 일입니다. 하나님께서는 인간이 범죄하여 사망으로 갈 것을 아셨고 이미 만세 전에 구세주가 될 예수님을 예비하셨습니다. 이 구원의 섭리를 성취하기까지 하나님은 비밀로 하셨습니다. 왜 비밀로 하셨을까요? 구원의 섭리가 알려지면 원수 마귀 사단의 방해로 성취될 수 없기 때문입니다(고전 2:6~8). 원수 마귀 사단은 예수님을 죽이면 아담의 범죄로 넘겨받은 권세를 영원히 가질 줄 알고 악한 사람들을 사주하여 예수님을 십자가에 못 박았습니다. 그러나 죄 없는 예수님을 죽임으로 도리어 구원의 길이 열린 것입니다. 이처럼 크고 놀라운 비밀을 안다 해도 영적인 사랑이 없어 전하지 않으면 아무 소용이 없습니다.

지식도 마찬가지입니다. '모든 지식'이란 단지 학문적인 깨우침을 뜻하는 것이 아닙니다. 하나님을 아는 지식, 곧 성경 66권에 담긴 진리의 지식을 뜻합니다. 우리가 성경 말씀을 통해 하나님을 알았다면 하나님을 만나고 직접 체험하여 마음으로 믿어야 합니다. 그렇지 않으면 그동안 들은 하나님 말씀이나 하나님의 능력도 머리로 아는 데 그칠 뿐입니다. 오히려 그 지식이 남을 판단하고 정죄하는 잣대가 되는 등 선하지 않은 목적으로 쓰이기도 하지요. 그러니 영적인 사랑이 없는 지식 역시 소용이 없습니다.

산을 옮길 만한 큰 믿음을 가졌다면 어떨까요? 이런 큰 믿음을 가졌다 해서 사랑까지 큰 것은 아닙니다. 그렇다면 왜 믿음과 사랑이 일치하지 않는 것일까요? 믿음은 표적과 기사 등 하나님의 역사를 보고 체험함으로써 성장할 수 있습니다. 베드로는 예수님께서 행하시는 표적과 기사를 많이 보아왔기 때문에 예수님이 물 위를 걸으실 때 비록 잠시였지만 그도 따라 걸었습니다. 당시 베드로는 성령을 받은 것도, 죄를 버리고 마음의 할례를 한 것도 아니므로 영적인 사랑이 임한 상태가 아니었습니다. 그러니 자신에게 생명의 위협이 오자 예수님을 부인하기까지 한 것을 봅니다.

이처럼 체험적인 신앙으로 믿음은 성장할 수 있지만 영적인 사랑은 무엇보다 죄를 버리려는 노력과 헌신, 희생이 따를 때 임합니다. 그렇다고 해서 믿음과 사랑이 무관한 것은 아닙니다. 믿음이 있기 때문에 죄를 버리고 하나님과 영혼을 사랑하고자 노력하지요. 그러나 들은 말씀대로 주님을 닮아가며 참사랑을 이루어 가는 행함이 없으면 아무리 충성한다 해도 하나님과 상관이 없습니다. 예수님께서 "내가 너희를 도무지 알지 못하니 불법을 행하는 자들아 내게서 떠나가라"(마 7:23) 하신 대로입니다. 그러니 사랑이 없으면 예언하는 능과 모든 비밀을 알고 모든 지식이 있고 큰 믿음이 있을지라도 아무것도 아니라는 것입니다.

천국에 상급이 되는 사랑

연말이 되면 지역 단체나 개인이 방송사와 신문사를 통해 불우 이웃을 위한 성금을 기부합니다. 이때 실명이 공개되지 않는다면 어떨까요? 변함없이 구제할 사람이 그리 많지 않을 것입니다.

예수님께서는 "사람에게 보이려고 그들 앞에서 너희 의를 행치 않도록 주의하라 그렇지 아니하면 하늘에 계신 너희 아버지께 상을 얻지 못하느니라 그러므로 구제할 때에 외식하는 자가 사람에게 영광을 얻으려고 회당과 거리에서 하는 것 같이 너희 앞에 나팔을 불지 말라 진실로 너희에게 이르노니 저희는 자기 상을 이미 받았느니라"(마 6:1~2) 하셨지요. 사람에게 영광을 받으려고 구제하면 잠시 칭찬받을 수는 있어도 장차 하나님께 받을 상이 없다는 것입니다.

이는 자기 만족이나 과시에 불과하지요. 도리어 형식적인 구제를 하는 사람은 칭찬받을수록 마음이 높아지게 마련입니다. 만약 하나님께서 이런 사람에게 축복을 주신다면 자신을 의롭다 착각하여 마음의 할례를 하지 않을 것입니다. 결국 아무 유익이 없으며 자신에게 해가 되는 것이지요. 사랑에서 우러나오는 구제는 누가 알아주든 알아주지 않든 상관이 없습니다. 은밀한 중에 보시는 하나님께서 행한 대로 축복과 상급으로 갚아 주실 것을 믿기 때문입니다(마 6:3~4).

구제는 생활하는 데 필요한 양식과 의복, 집, 물질 등을 공급해 주는 것만이 아닙니다. 무엇보다 영혼의 양식을 공급하여 영혼을 살리는 구제가 되어야 합니다. 오늘날 교회의 주된 역할이 가난하고 병들고 소외된 사람을 돕는 일이라고 말합니다. 물론 틀린 말은 아니지만 교회의 첫째 사명은 복음 전파입니다. 수많은 영혼을 구원하는 것이지요. 교회가 구제하는 궁극적인 목적도 바로 여기에 있습니다.

구제할 때에는 성령의 주관을 받아 상대에게 맞게 하는 것이 중요합니다. 잘못된 구제는 상대로 하여금 오히려 하나님에게서 멀어지게 하거나 사망의 길로 가게 하기 때문입니다.

예컨대, 술과 노름으로 가난하게 된 사람이나 하나님의 뜻을 거스려 시험 환난에 빠진 사람을 구제한다면 더욱 잘못된 길로 가게 할 뿐입니다. 그래서 성경에는 가능한 한 믿는 가정에 구제하기를 당부하는 것입니다. 물론 믿음이 없다고 구제하지 말라는 것은 아닙니다. 믿지 않는 사람에게도 구제하여 하나님의 사랑을 전해야 합니다. 다만 구제의 목적이 복음 전파임을 잊어서는 안 된다는 것입니다.

또 믿음이 연약한 초신자의 경우 믿음이 자랄 때까지 힘이 되어 주는 것이 중요합니다. 믿음이 있는 사람 중에도 질병이나 갑작스런 사고로 자립하여 살아갈 수 없는 경우, 가족이 없는 독거 노인이나 아동의 경우에는 더욱 구제의 손길이 필요합니다. 우리가 이처럼 하나님의 뜻 가운데 사랑으로 구제하면 하나님께서는 우리 영혼이 잘되게 하시고 범사가 잘되는 축복을 주십니다.

사도행전 10장에 나오는 고넬료는 이방인인데도 하나님을 믿었고 열심히 기도하며 구제했습니다. 지배국 장교가 식민지의 백성을 구제하고 돕는 일이 그리 쉽지는 않습니다. 로마인이라는 이유만으로도 유대인들의 경계가 만만치 않았을 것이고, 동료들의 따가운 눈총이나 만류도 있었겠지요. 그러나 그는 하나님을 경외했기에 선행과 구제하기를 멈추지 않았습니다. 그의 행함을 보신 하나님께서는 베드로를 보내 고넬료의 가족은 물론, 그와 함께한 모든 사람이 성령을 받고 구원에 이르는 축복을 주셨습니다.

구제뿐만 아니라 하나님께 드리는 예물도 마찬가지입니다. 마가복음 12장에는 중심의 향을 담은 예물을 드림으로 예수님께 칭찬받았던 한 과부가 나옵니다. 그녀는 비록 두 렙돈에 불과했지만 자기 모든 소유, 곧 생활비 전부를 드렸습니다. 렙돈은 당시 그리스의 가장 작은 동전 단위입니다. 예수님께서는 왜 이 과부를 칭찬하셨을까요? 마태복음 6장 21절에 "네 보물 있는 그곳에는 네 마음도 있느니라" 하셨으니 과부가 자신의 생활비를 전부 드렸다는 것은 그녀의 마음 전부가 하나님께로 향해 있다는 표현입니다. 곧 사랑의 표현이지요. 반대로 사람들을 의식한 예물이나 억지로 드리는 예물은 하나님께서 기뻐하지 않으니 자신에게 유익이 되지 않습니다.

이는 희생도 마찬가지입니다. 내 몸을 불사르게 내준다는 것은 완전히 희생하는 것을 의미합니다. 희생은 사랑을 전제로 하지만 사랑 없이도 얼마든지 희생할 수 있습니다. 사랑 없는 희생이란 과연 어떤 경우를 말할까요?

실컷 수고해 놓고 불평하는 경우입니다. 자신의 힘과 정성, 시간, 물질을 다해 일했는데 아무도 알아주지 않으면 서운해하며 원망합니다. 심지어 열심 내지 않는 사람을 보고 "어쩜 하나님을 사랑한다면서 저럴 수 있지?"라며 판단 정죄합니다. 이러한 마음의 저변에는 자신의 공로를 드러내고 인정받고자 하는 마음과 "나는 이렇게 충성하고 있어."라는 높아진 마음이 깔려 있습니다. 이런 마음이 있으면 불평, 불만으로 자신도 힘들 뿐 아니라 주변 사람과 화평을 깨며 하나님의 마음을 아프게 하니 아무 유익이 없습니다.

설령 드러내 놓고 불평하지 않는다 해도 남들이 알아주지 않으면 "나는 있으나 마나 한 사람 같다."고 낙심하고 하나님을 향한 열정이 식어 버립니다. 자신을 희생하여 최선을 다해 한 일을 누군가 지적하면 힘이 빠지거나 지적하는 사람을 비난합니다. 또 자신보다 인정과 사랑을 받는 사람을 보면 시기 질투하지요. 그러니 열심히 충성해도 참된 기쁨이 없습니다. 심지어 사명까지 놓아 버리기도 합니다.

윗사람이나 남들이 볼 때만 열심을 내는 경우도 있습니다. 누가 보지 않을 때에는 게으름을 피우거나 대충대충 시늉만 합니다. 눈에 띄지 않는 일보다 겉으로 드러나는 일을 하려고 하지요. 윗사람이나 다른 사람에게 칭찬받는 것에만 마음이 있기 때문입니다.

그렇다면 믿음이 있는데 사랑 없는 희생이 나오는 이유는 무엇일까요? 영적인 사랑이 없어서입니다. 중심에서 하나님의 것이 내 것이요 내 것이 하나님 것이라 여기는 주인의식이 없기 때문입니다.

예를 들어, 농부가 자신의 밭에서 일을 하는 것과 삯을 받고 다른 사람의 일을 해 주는 것은 아무래도 다릅니다. 자신의 일을 할 때에는 이른 새벽부터 늦은 밤까지 쉴 틈 없이 일하고도 대충대충 하는 법이 없습니다. 일하는 동안에도 힘들다 불평하지 않지요. 남의 일을 할 때에는 어떻습니까? 요령을 피우기도 하고 "빨리 해가 저물었으면…." 바랄 것입니다. 하나님의 일도 마찬가지입니다. 마음에 하나님에 대한 사랑이 없으면 삯을 받고 일하는 일꾼처럼 형식적으로 일할 뿐입니다. 당장 대가를 받지 못하면 불평과 원망이 나오지요.

그래서 골로새서 3장 23~24절에 "무슨 일을 하든지 마음을 다하여 주께 하듯 하고 사람에게 하듯 하지 말라 이는 유업의 상을 주께 받을 줄 앎이니 너희는 주 그리스도를 섬기느니라" 말씀합니다. 영적인 사랑이 없는 사람이 구제하고 희생을 하는 것은 하나님과 상관이 없으니 상급이 되지 않기 때문입니다(마 6:2).

우리가 참된 희생을 하려면 무엇보다 마음에 영적인 사랑을 이뤄야 합니다. 마음 안에 사랑이 가득한 사람은 누가 보든 보지 않든, 알아주든 몰라주든 묵묵히 헌신합니다. 마치 초가 자신의 몸을 태워 어둠을 밝히듯 아낌없이 자신을 내줍니다. 구약의 제사를 보면 속죄의 제물로 드릴 짐승을 잡아 모든 피를 쏟고 기름을 불에 살라 향으로 드립니다. 이런 희생제물과 같이 예수님께서도 우리 죄를 대속하기 위해 마지막 피 한 방울까지 남김없이 흘리셨습니다. 진정한 희생의 본이 되신 것입니다.

예수님의 희생을 통해 수많은 영혼이 구원받는 이유는 무엇일까요? 그 희생 안에 참된 사랑이 있기 때문입니다. 예수님께서는 하나님을 사랑하심으로 생명이 다하기까지 하나님 뜻을 이루셨습니다. 십자가에 달리신 그 순간에도 영혼들을 위해 중보기도를 올리셨지요(눅 23:34). 이런 참된 희생이 있었기 때문에 하나님께서 친히 높여 주시고 천국에서 가장 영화로운 자리에 이르게 하셨습니다.

"이러므로 하나님이 그를 지극히 높여 모든 이름 위에 뛰어난 이름을 주사 하늘에 있는 자들과 땅에 있는 자들과 땅 아래 있는 자들로 모든 무릎을 예수의 이름에 꿇게 하시

고"(빌 2:9~10)

예수님처럼 어떤 욕심이나 거짓이 없이 자신을 희생하는 사람이라면 누구나 하나님께서 높여 주시고 영광의 자리로 이끄십니다. 마태복음 5장 8절에 "마음이 청결한 자는 복이 있나니 저희가 하나님을 볼 것임이요" 하신 대로 하나님을 직접 뵐 수 있는 영광을 주시는 것입니다.

공의를 뛰어넘는 사랑

사랑의 원자탄이라 불리는 손양원 목사님 역시 우리에게 참된 희생의 본을 보여 주었습니다. 그분은 한센병(문둥병) 환자들을 자기 생명을 아끼지 않고 정성 다해 보살폈지요. 그러다가 신사참배 거부로 옥고를 치르기도 하였습니다. 이런 아름다운 헌신에도 불구하고 기막힌 비보가 날아들었습니다. 1948년 10월 어느 날, 여순사건 와중에 사랑하는 두 아들이 반란군에 의해 총살당한 것입니다.

보통 사람이라면 "하나님, 어떻게 이러실 수 있습니까!"라며 목놓아 원망 불평할 수도 있습니다. 그러나 목사님은 오히려 두 아들이 순교함으로 주님 품에 안겨 천국에 갈 수 있음에 감사했지요. 게다가 두 아들을 총살한 반란군 청년을 용서하고 양자로 삼았습니다. 아들들의 장례식장에서 목사님이 하나님께 올려 드린 아홉 가지 감사의 기도문은 듣는 이들의 마음을 절절하게 울렸습니다.

"첫째,
나 같은 죄인의 혈통에서 순교의 자식이 나게 하셨으니
감사합니다.
둘째,
이 허다한 많은 성도 중에서 이런 보배를 주셨으니
감사드립니다.
셋째,
삼남 삼녀 중에서 가장 아름다운 맏아들과
둘째 아들을 바치게 하시니 감사합니다.
넷째,
한 아들의 순교도 귀하거늘 하물며
두 아들이 순교했으니 감사합니다.
다섯째,
예수 믿고서 와석종신(자기 명을 다 살고
편안히 죽음)해도 복이라 했는데
전도하다 총살 순교했으니
더욱 감사드립니다.

여섯째,

미국 가려고 준비하던 아들이 미국보다 더 좋은
천국 갔으니 내 마음 안심되어 감사합니다.

일곱째,

내 아들을 죽인 원수를 회개시켜 아들 삼고자
하는 사랑의 마음을 주신 하나님께 감사드립니다.

여덟째,

내 아들의 순교의 열매로서 무수한 천국의 열매가
생길 것을 믿으면서 감사드립니다.

아홉째,

역경 속에서도 하나님의 사랑을 깨닫게 하시고
이길 수 있는 믿음을 주신 하나님께 감사드립니다."

손양원 목사님은 6·25전쟁 때에도 환자들을 지키기 위해
피난을 가지 않았고, 결국 공산군에 의해 순교함으로 여생을
마쳤습니다. 아무도 돌보지 않는 환자들을 아끼고 사랑하며
아들을 죽인 원수조차 선대하는 등 어떤 대가도 바라지 않고
희생할 수 있었던 것은 하나님과 영혼에 대한 참된 사랑이 가
득했기 때문입니다.

하나님께서는 우리에게 "이 모든 것 위에 사랑을 더하라

이는 온전하게 매는 띠니라"(골 3:14) 말씀합니다. 우리가 천사 같이 아름답게 말하고 예언하는 능과 산을 옮길 만한 믿음이 있고 구제하며 희생한다 해도 그 모든 행함이 하나님 앞에서 온전케 되려면 참된 사랑이 있어야 합니다. 이제 그 사랑에 담긴 뜻을 하나하나 짚어가며 하나님의 무한한 사랑의 차원으로 들어가시기 바랍니다.

사랑의 항목
Characteristics of Love

사랑은 오래 참고 사랑은 온유하며

투기하는 자가 되지 아니하며 사랑은 자랑하지 아니하며

교만하지 아니하며 무례히 행치 아니하며 자기의 유익을 구치 아니하며

성내지 아니하며 악한 것을 생각지 아니하며

불의를 기뻐하지 아니하며 진리와 함께 기뻐하고

모든 것을 참으며 모든 것을 믿으며 모든 것을 바라며

모든 것을 견디느니라 고전 13:4~7

마태복음 24장에는 자신의 때가 얼마 남지 않은 것을 아신 예수님께서 예루살렘 성전을 바라보시며 탄식하는 장면이 나옵니다. 하나님의 섭리 속에 십자가에 달리셔야 했지만 자신을 못 박는 유대인들과 예루살렘에 닥칠 환난을 생각하니 저절로 탄식이 나온 것입니다. 의아하게 여긴 제자들이 물었습니다.

"주의 임하심과 세상 끝에는 무슨 징조가 있사오리이까"

그때 예수님께서는 여러 가지 징조를 말씀하시며 탄식하듯 사랑이 식어질 것을 알려 주십니다.

"불법이 성하므로 많은 사람의 사랑이 식어지리라"

요즈음 세상을 보면 사랑이 식어졌다는 말이 실감 납니다. 많은 사람이 사랑을 갈구하지만 참사랑 곧 영적인 사랑이 무엇인지 알지 못합니다. 참사랑은 우리 편에서 가지려고 애쓴다고 얻을 수 있는 것이 아닙니다. 그 사랑이 무엇인지 알고 마음에서 악을 버려 나갈 때 하나님의 사랑이 우리 마음에 들어오면서 시작되는 것입니다. 로마서 5장 5절에 "소망이 부끄럽게 아니함은 우리에게 주신 성령으로 말미암아 하나님의 사랑이 우리 마음에 부은 바 됨이니" 말씀했으니 우리 마음에 계시는 성령님을 통해 하나님의 사랑을 느끼는 것이지요.

하나님께서는 고린도전서 13장 4~7절을 통해 영적인 사랑의 항목을 구체적으로 알려 주셨습니다. 그러므로 하나님의 자녀라면 이 말씀을 행함으로 "영적인 사랑은 정말 존재하는구나!"라고 깨우쳐 줄 수 있는 사랑의 메신저가 되어야 합니다.

1. 사랑은 오래 참는 것

사랑의 항목 중 '오래 참음'이 부족하면 종종 상대를 절망케 합니다. 만일 일을 맡겼다가 성과가 더디면 참지 못하고 그 일을 다른 사람에게 주는 것입니다. 그러면 상대는 잘못을 만회할 기회를 얻지 못하고 좌절할 수 있습니다. 하나님께서 사랑의 항목 중 첫째로 오래 참음을 강조하시는 것은 사랑을 이루는 데에 가장 기본적인 조건이기 때문입니다. 사랑이 있으면 참는 것이 지루하지 않습니다.

우리가 하나님의 사랑을 깨닫고 나면 그 사랑을 주변 사람과 나누기 위해 노력합니다. 하지만 상대를 사랑하려고 애쓰는데 오히려 내 마음에 상처로 돌아오거나 막대한 손실과 어려움을 겪는 경우가 있습니다. 그러다 보면 상대가 사랑스럽기는커녕 '어떻게 저런 사람을 사랑할 수 있나?'라는 생각이 들 정도로 이해가 안 될 때가 있습니다. 영적인 사랑을 하려면 이런 사람까지도 참고 사랑해야 합니다. 아무런 이유 없이 나를 헐뜯고 미워하며 애매히 곤경에 빠뜨린다 해도 자신의 마음을 다스려서 참고 사랑해야 하지요.

주일 아침, 하루는 한 남 성도가 저를 찾아왔습니다. 아내가 우울증에 걸렸다고 기도를 요청했습니다. 사연을 들어보니 자신이 술만 먹으면 완전히 딴 사람이 되어 가족을 괴롭히며 매우 힘들게 했다는 것입니다. 그때마다 아내는 한결같이 참고 자신의 허물을 사랑으로 감싸주었다고 합니다. 그런데 세월이 지나도 달라지지 않고 알콜 중독 증세까지 보이니 아내는 그만 삶의 의욕을 잃고 우울증에 빠졌다는 것입니다.

비록 그분이 술 때문에 가족을 힘들게 했지만 그래도 아내를 사랑했기 때문에 기도받으러 나온 것이지요. 사연을 들은 뒤 그분에게 "정말 아내를 사랑한다면 술과 담배를 끊는 것이 뭐 어렵겠습니까?"라고 말을 건넸습니다. 그분은 자신이 없는지 아무 말도 하지 못했습니다. 안타까운 마음에 아내의 우울증을 고쳐 달라고 기도한 뒤 그분에게도 술과 담배를 끊을 수 있는 능력을 달라고 기도했습니다. 신기하게도 기도를 받은 뒤 그분은 술 생각이 완전히 사라졌다고 합니다. 그토록 노력해도 안 되던 술을 단번에 끊은 것입니다. 자연히 아내 되시는 분의 우울증도 치료되었습니다.

오래 참는 것은 영적인 사랑의 시작

영적인 사랑을 이루려면 어떤 상황에서도 오래 참아 줄 수 있어야 합니다. 참긴 참는데 마음에 불편함이 찾아오지는 않습니까? 이 여 성도와 같이 오래 참았는데도 환경이 달라지지 않으니 그만 낙심되지는 않습니까? 그렇다면 환경이나 상대를 탓하기 전에 자신의 마음을 점검해 보아야 합니다. 마음을 진리로 온전히 이루었다면 참지 못할 일이 없습니다. 즉 참지 못한다는 것은 그만큼 내 안에 비진리의 악이 있다는 증거입니다.

오래 참는다는 것은 우리가 사랑하는 데 있어 만나는 여러 시련들과 나 자신에 대해 끝까지 참는 것을 말합니다. 하나님 말씀에 순종하여 사랑하고자 노력할 때 오는 모든 어려움을 참고 견디는 것이 바로 오래 참음의 사랑이지요.

성령의 아홉 가지 열매 중의 오래 참음	1. 비진리를 버리고 마음을 진리로 개조해 나가기까지의 오래 참음 2. 사람과의 관계에서 상대를 이해해 주고 상대의 유익을 구해 주며 화평함을 이루기 위한 오래 참음 3. 하나님과의 사이에서 기도의 응답, 구원 등 주실 약속을 받기 위한 오래 참음

이러한 오래 참음은 성령의 아홉 가지 열매(갈 5:22) 중의 오래 참음과 어떠한 차이가 있을까요? 성령의 열매에서 오래 참음은 하나님 나라와 의를 위해 범사에 오래 참는 것을 뜻합니다. 사랑장의 오래 참음은 보다 작은 범주로 영적인 사랑을 이루기 위해 참는 것을 뜻합니다. 결국, 성령의 열매 중

하나인 오래 참음의 범주 안에 포함되지요.

요즘에는 상대가 자신의 신변이나 재산에 조금이라도 해를 끼치면 쉽게 고소합니다. 법대로 하자는 것입니다. 그 상대가 아내 혹은 남편, 혈육을 나눈 부모, 자녀인 경우도 많지요. 참고 가만히 있으면 도리어 "바보처럼 산다"고 조롱받기도 합니다. 그런데 예수님은 어떻게 말씀하십니까?

"네 오른편 뺨을 치거든 왼편도 돌려 대며"(마 5:39)

"너를 송사하여 속옷을 가지고자 하는 자에게 겉옷까지도 가지게 하며"(마 5:40)

자신에게 악을 행하는 사람에게 똑같이 악으로 갚지 말고 참아주라는 것입니다. 나아가 선을 베풀라고 하십니다. "억울하고 분해서 어떻게 그렇게 할 수 있습니까?"라는 생각이 들겠지만 믿음과 사랑이 있다면 얼마든지 할 수 있습니다. 바로 독생자 예수님을 화목 제물로 내어 주신 하나님의 사랑에 대한 믿음입니다. 자신이 이러한 사랑을 받았다는 것을 믿는다면 아무리 큰 해를 끼친 사람이라도 용서할 수 있습니다. 독생자 아들을 주기까지 우리를 사랑하신 하나님을 사랑한다면, 생명을 아낌없이 주신 주님을 사랑한다면 참지 못하고 사랑하지 못할 사람이 없습니다.

무한대의 오래 참음

어떤 사람들은 미움, 혈기 등의 감정을 억지로 꾹꾹 눌러 참았다가 한계에 다다르면 폭발해 버리는 것을 봅니다. 내성적이어서 겉으로 표현하지 못하고 가슴앓이를 하다가 소위 '화병'이라는 스트레스성 질환을 앓기도 하지요. 이런 참음은 스프링을 눌러 놓았다가 손을 떼면 다시 본래의 모양으로 돌아가는 것과 같습니다.

하나님이 원하시는 오래 참음은 변함없이 끝까지 참는 것입니다. 엄밀히 말하면 참는다는 말 자체가 필요치 않는 참음이지요. 미움, 서운함 등을 마음에 쌓아두는 것이 아니라 그것을 생기게 하는 근본 악을 빼내 버리고 자비와 사랑으로 승화시키는 것이 영적인 의미의 오래 참음입니다. 마음에 악이 없고 영적인 사랑만 가득하면 원수까지도 사랑하는 것이 어렵지 않습니다. 애당초 원수 맺을 일이 없지요.

마음 안에 미움, 다툼, 시기, 질투 등이 가득하면 아무리 좋은 사람이라도 단점이 먼저 눈에 들어옵니다. 마치 검은색 안경을 쓰면 온통 어둡게 보이는 것과 같습니다. 반대로 마음 안에 사랑이 가득하면 아무리 이해 못 할 사람이라도 사랑스러워 보입니다. 어떤 허물이나 단점이 있어도 싫지 않습니다. 심지어 나를 미워하고 악하게 행동한다 해도 미운 마음이 들지 않지요.

오래 참음은 상한 갈대를 꺾지 않고 꺼져가는 심지도 끄지 않으시는 주님의 마음입니다. 복음을 전하다가 돌에 맞아 죽어가면서도 자신을 돌로 치는 사람들을 위해 "이 죄를 저들에게 돌리지 마옵소서" 하고 중보 기도를 올린 스데반 집사와 같은 마음입니다. 예수님이 죄인들을 사랑하는 것이 어려우셨을까요? 결코 어렵지 않았습니다. 마음 자체가 진리이기 때문입니다.

하루는 베드로가 예수님께 묻습니다. "주여 형제가 내게 죄를 범하면 몇 번이나 용서하여 주리이까 일곱 번까지 하오리이까"(마 18:21) 그러자 예수님께서는 "일곱 번뿐 아니라 일흔 번씩 일곱 번이라도 할지니라" 하십니다. 이 말씀은 70×7, 즉 490번만 용서하라는 의미가 아닙니다. 7은 영적으로 완전함을 의미합니다. 따라서 일흔 번씩 일곱 번이라도 용서하라는 것은 완전한 용서를 뜻합니다. 예수님의 사랑과 용서가 무한하심을 느낄 수 있지요.

영적인 사랑을 이루는 오래 참음

물론 우리가 하루아침에 미운 마음을 사랑으로 바꾸기는 어렵습니다. 끊임없이 오래 참아야 합니다. 에베소서 4장

26절에 "분을 내어도 죄를 짓지 말며 해가 지도록 분을 품지 말고" 말씀합니다. 여기서 화를 낸다는 것은 그만큼 믿음이 작음을 나타냅니다. 아직 믿음이 연약하여 혹 화를 냈다 하더라도 해가 지도록, 즉 오랫동안 분을 품지 말고 털어 버리라는 말입니다. 각자의 믿음의 분량 안에서 감정이나 혈기가 일어나더라도 그것을 버리기 위해 끊임없이 참고 노력하면 마음이 점점 진리로 바뀌고 영적인 사랑이 자라가지요.

마음 깊이 뿌리내린 죄성은 성령의 충만함을 입어 불같이 기도할 때 버릴 수 있습니다. 더불어 아무리 미운 사람이라도 사랑의 눈으로 바라보고 선을 베풀고자 하는 자신의 노력이 중요합니다. 이처럼 행해 나가면 어느새 마음에서 미움이 사라지고 상대를 사랑할 수 있게 됩니다. 누구와도 걸림이 없고 미운 사람이 없으니 마치 천국에 있는 것처럼 행복한 삶을 살 수 있습니다.

"하나님의 나라는 너희 안에 있느니라"(눅 17:21)

사람들은 행복을 느낄 때 '천국 같다'고 표현합니다. 마음에 천국이 있다는 것은 모든 비진리를 버리고 선과 사랑만 가득한 상태를 말합니다. 이런 상태가 되면 오래 참을 일이 없고 모두를 사랑하기 때문에 항상 기쁘고 행복하지요. 마음에 악이 없고 선한 사람일수록 오래 참을 일도 없습니다. 영적인 사랑을 이룬 만큼 억지로 참는 것이 아니라, 평안함 가운데 상대가 변화되기를 기다려 주는 것입니다.

천국에는 과연 '오래 참음'이 있을까요? 그곳에는 눈물, 슬픔, 고통, 악이 없고 오직 선과 사랑만 있습니다. 상대를 미워할 일도 없고 화를 내거나 짜증 낼 일도 없지요. 어떤 감정을 억누르고 다스리는 일 자체가 없습니다. 사랑 자체이신 하나님께도 당연히 오래 참을 일이 없으시지요. 그런데도 굳이 '사랑은 오래 참는 것'이라 하신 것은 사람들 편에서 이해할 수 있도록 표현하신 것입니다.

오래 참음으로 원수를 친구로 만든 링컨

미국의 제16대 대통령 아브라함 링컨은 변호사 시절 스탠톤이라는 라이벌이 있었습니다. 스탠톤은 학벌과 가문이 뛰어난 반면에 링컨은 가난한 구두 수선공의 아들로 초등학교도 졸업하지 못한 상태였습니다. 그래서 스탠톤은 링컨을 얕잡아 보고 곧잘 심한 말로 조롱했습니다. 링컨은 비방과 조롱을 받으면서도 분노하거나 악한 말로 갚지 않았습니다.

오히려 대통령에 당선된 링컨은 주위의 만류에도 불구하고 국가 요직인 국방부 장관으로 스탠톤을 지명합니다. 객관적으로 볼 때 그가 적격자였기 때문입니다. 훗날 링컨이 포드 극장에서 저격을 당해 쓰러졌을 때 동석했던 사람들이 모두 도망치는 가운데도 스탠턴은 링컨에게 달려갔습니다. 링컨을 안고 눈물 흘리며 이런 고백을 합니다.

"여기, 세계가 지켜보는 가운데 가장 위대한 사람이 누워 있다. 링컨 그는 역사 속에서 가장 위대한 지도자였다."

사랑의 오래 참음은 원수도 친구로 만드는 기적을 일으 킵니다. 마태복음 5장 45절에 "하나님이 그 해를 악인과 선인 에게 비취게 하시며 비를 의로운 자와 불의한 자에게 내리우 심이니라" 했습니다. 하나님께서는 악을 행하는 사람이라도 변화되기를 바라고 오래 참고 기다리십니다. 우리가 악한 사 람에게 악으로 대하면 똑같은 사람이 되지만, 상 주실 하나 님을 바라봄으로 오래 참고 사랑하면 장차 천국에서 아름다 운 처소를 얻을 수 있습니다(시 37:8~9).

 ## 2. 사랑은 온유한 것

이솝 우화 가운데 해와 바람 이야기가 있습니다. 하루는 해와 바람이 길 가는 사람의 외투를 누가 먼저 벗기는지 내기를 합니다. 먼저 바람이 "저런 외투쯤이야…" 하고 자신만만해서는 나무도 뽑힐 만큼 강한 바람을 내뿜었습니다. 나그네는 거센 바람에 행여 외투가 날아갈까 봐 더 단단히 옷깃을 여몄지요. 다음으로 해가 여유로운 미소를 띠며 따스한 햇볕을 내뿜었습니다. 날씨가 따뜻해지자 더위를 느낀 나그네는 얼른 외투를 벗었습니다.

이 이야기는 우리에게 중요한 교훈을 줍니다. 바람은 자신의 힘으로 외투를 벗기려 했지만, 해는 나그네 스스로 옷을 벗게 했지요. 온유함은 이와 같습니다. 어떤 물리적인 힘이 아니라 선과 사랑으로 사람의 마음을 움직이고 상대의 마음을 얻는 것이 온유함입니다.

모든 사람을 포용할 수 있는 온유한 마음

온유함이란 모든 사람을 포용할 수 있는 마음, 많은 사람이 깃들여 쉴 수 있는 마음을 말합니다. 사전에 보면 온유를 '부드럽고 유순함, 온화함, 따뜻하고 부드러운 느낌이 듦'이라 정의합니다. 솜을 떠올려 보면 온유한 마음을 좀 더 쉽게 이해할 수 있습니다. 솜은 아무리 단단한 물체가 부딪혀 와도 소리가 나지 않습니다. 부딪혀 오는 것들을 포근하게 감싸 안기 때문입니다.

또한 온유한 마음은 많은 사람이 깃들여 쉴 수 있는 나무와도 같습니다. 뜨거운 여름날 커다란 그늘을 드리우는 나무 아래 들어가 뜨거운 햇볕을 피한다면 얼마나 시원하고 행복하겠습니까? 이처럼 온유한 마음을 지니면 많은 사람이 그 안에 깃들여 쉬고 싶어 합니다.

흔히 성품이 유순해서 누가 뭐라 해도 화내는 일이 없고 자기주장이 강하지 않은 사람을 온유하다 합니다. 그러나 아무리 순하고 착해도 하나님께서 인정하시는 착함이 아니라면 진정 온유하다 할 수 없습니다. 본래 성품이 소극적이고 유약해서 다른 사람의 말을 잘 따르거나 마음에선 부글부글하는데 눌러 참는 경우도 있습니다. 지능이 부족하여 늘 웃기만 하는 사람도 있지요. 이런 사람을 온유하다고 할 수는 없습니다. 악이 없고 사랑이 가득해서 어떠한 사람이라도 참고 품어 주는 영적인 온유함이 아니기 때문입니다.

하나님이 원하시는 영적인 온유함

하나님께서 원하시는 영적인 온유함은 마음에 악이 없고 지혜로우며 영적인 사랑이 맺혀 있어 어떤 악한 사람도 대적하지 않고 포용하는 것입니다. 물론 온유하다 해서 무조건 이해하고 용서하는 것이라고 오해해서는 안 됩니다. 때로는 사람을 반듯하게 다스리고 이끌 수 있는 위엄도 함께 갖추어야 합니다. 그렇기 때문에 진정 온유한 사람은 선할 뿐 아니라 행동이 반듯하고 지혜롭습니다. 영적인 온유함을 좀 더 구체적으로 설명하면 내면의 온유함과 함께 외적으로도 덕을 갖춘 상태를 말합니다.

악이 없고 선해서 마음이 온유하더라도 그것이 내면에만 머문다면 남을 품고 다스리는 데까지 미치지는 못합니다. 내면의 온유함과 함께 외면의 덕을 겸비해야만 온전하고 더 큰 능력을 발휘하는 것이지요. 온유한 마음에 덕을 함께 갖춘 사람은 많은 사람의 마음을 얻으므로 큰 일을 이룰 수 있습니다.

우리가 영적인 온유함을 이해하는 데 있어 사랑과 공의의 관계를 알면 도움이 됩니다. 사람들이 생각할 때 사랑이란 오직 용서하고 이해하며 허물을 덮어 주는 것, 따뜻하고 부드러운 것이라 여깁니다. 그런데 진정한 사랑은 "불의를 기뻐하지 아니하며" 하신 대로 불의를 용납하지 않습니다. 그렇기 때문에 사랑 자체이신 하나님께서도 한없는 자비와 긍휼을 베푸시지만 때로 죄악을 엄히 심판하기도 하셨습니다(민 14:18).

만약 하나님께서 중한 죄를 거듭 지어도 무조건 용서하고 용납한다면 과연 사랑이라 할 수 있을까요? 진정 사랑이 있는 부모는 자녀를 무조건 '오냐, 오냐' 하며 기르지 않습니다. 그릇된 길로 갈 때 매를 들어서라도 돌이키게 할 것입니다. 이때 매를 드는 부모의 심정은 더 아프지요. 영의 아버지이신 하나님께서 징계하시는 것도 사랑하는 자녀들을 생명으로 이끌기 위한 지극한 사랑입니다. 사랑과 공의는 상호 보완 관계이듯이 온유와 덕도 마찬가지입니다.

마음이 선하고 온유하여 사랑과 긍휼이 많을 뿐 아니라 사람들을 바른 길로 이끌 수 있는 덕이 함께 갖추어질 때 진정한 사랑을 베풀 수 있습니다. 즉 많은 사람을 옳은 길, 구원의 길로 이끌 수 있지요. 이처럼 영적인 온유함은 내면의 온유함에 외면의 덕을 함께 갖춘 상태이므로 둘 중 하나만 있으면 빛을 발하기 어렵습니다. 그러면 먼저 내면의 온유함을 이루기 위해서는 어떻게 해야 하는지 살펴보겠습니다.

내면의 온유함을 이루는 척도는 성결

온유함을 이루기 위해서는 무엇보다 마음의 악을 버리고 성결되어야 합니다. 온유한 사람은 솜털과 같이 누가 부딪혀 온다 해도 소리가 나지 않고 포근히 감싸 안습니다. 마음에 악이 없으니 어느 누구와도 걸리거나 부딪치지 않는 것입니다. 그러나 미움, 시기, 질투처럼 뾰족한 마음이나 자기 의, 틀과 같은 단단한 마음이 있으면 상대를 품을 수 없습니다.

딱딱한 돌이나 쇠에 물체가 떨어지면 소리를 내며 튕겨 나가는 것처럼, 자기가 살아 있으면 상대가 조금만 불편하게 해도 싫은 감정을 드러냅니다. 허물이나 티, 부족함이 있는 사람을 보면 이해하고 덮어 주기보다 판단, 정죄하고 수군수군합니다. 이런 마음은 무엇을 담으려 해도 이내 넘쳐 버리는 작은 그릇과 같지요.

혹은 그릇 안에 온갖 더러운 잡동사니가 담겨 있어 더는 다른 것을 받아들일 수 없는 좁은 마음입니다. 예를 들면 누군가에게 지적을 받거나 찔림이 되면 발끈하고 마음이 상합니다. 또 남들이 조그마한 소리로 대화하는 것을 보면 "나에 대해 말하는 건 아닐까?" 하고 궁금해집니다. "나를 힐끗힐끗 쳐다보는 것을 보니 내 얘기를 하나 보군." 하고 판단하기도 합니다.

마음에 악이 없는 것은 온유함의 기본 조건입니다. 마음에 악이 없어야 상대를 선과 사랑으로 바라볼 수 있기 때문입니다. 온유한 사람은 매사에 자비와 긍휼의 마음으로 상대를 바라봐 줍니다. 판단하거나 정죄하려는 마음 자체가 없고 어찌하든 선과 사랑으로 이해하려고 하기 때문에 악한 사람이라도 그 따스함에 마음이 녹습니다.

특히 많은 사람을 가르치고 인도하는 사람이라면 더더욱 성결되는 것이 중요합니다. 악이 있는 만큼 육신의 생각이 동원되어 양 떼의 상황을 정확히 분별할 수 없으니 영혼들을 푸른 초장과 쉴 만한 물가로 인도할 수 없습니다. 온전히 성결되어야 성령의 주관을 정확히 받을 수 있고 양 떼의 상황을 백 퍼센트 분별하여 가장 좋은 길로 인도할 수 있습니다. 또한 반드시 성결해야 하나님께서 '참으로 온유하다' 인정해 주십니다. 사람들은 나름대로 '이러이러한 사람이 온유하다.'라는 자기 기준이 있습니다. 그러나 사람 편에서 온유하다 생각하는 것과 하나님께서 인정하시는 온유는 다릅니다.

하나님께 온유함을 인정받은 모세

성경에서 하나님께 온유함을 인정받았던 인물로는 출애굽의 지도자 모세를 꼽을 수 있습니다. 하나님께 인정받는 것이 얼마나 중요한지 깨우칠 수 있는 사건이 민수기 12장에 잘 나와 있습니다. 한번은 형 아론과 누이 미리암이 모세가 구스 여인을 아내로 맞은 일을 빌미로 그를 비방합니다.

"여호와께서 모세와만 말씀하셨느냐 우리와도 말씀하지 아니하셨느냐"(민 12:2)

그러자 그들에게 하나님께서는 무엇이라 말씀하셨습니까?

"그와는 내가 대면하여 명백히 말하고 은밀한 말로 아니 하며 그는 또 여호와의 형상을 보겠거늘 너희가 어찌하여 내 종 모세 비방하기를 두려워 아니하느냐"(민 12:8)

모세를 비방한 일로 하나님께서는 아론과 미리암에게 진 노하셨고 미리암은 문둥병에 걸리고 맙니다. 아론은 하나님 께서 모세의 대언자로 세운 인물이었고 미리암도 여 선지자로 서 회중의 지도자입니다. 자신들도 하나님께 인정받고 사랑 받는다 생각하였기에 모세가 자신들의 생각과 어긋나게 행 동하자 거침없이 비방했던 것입니다.

하나님께서는 아론과 미리암이 그들의 기준대로 모세를 정죄하고 비방하는 것을 용납하지 않으셨습니다. 모세가 어 떤 사람입니까? 당시 지면의 모든 사람보다 온유하다고 하 나님께 인정받았습니다. 또한 온 집에 충성됨으로 하나님의 형상을 보며 대면하여 말할 수 있을 만큼 사랑과 신뢰를 받은 인물입니다.

　이스라엘 백성이 출애굽하여 가나안 땅을 향해 가는 과정을 보면 하나님께서 왜 이처럼 모세를 인정하셨는지 느낄 수 있습니다. 출애굽한 백성은 거듭 하나님의 뜻을 거스르고 범죄하였습니다. 조금만 어려움이 찾아와도 모세를 원망했는데 이는 하나님을 원망하는 것과 다름없었습니다. 그때마다 모세는 어찌하든 하나님 앞에 자비를 구했지요.

　이러한 모세의 온유함을 보여 주는 결정적인 사건이 있습니다. 하나님께 계명을 받기 위해 모세가 시내산에 오른 사이 백성은 금으로 송아지 형상을 만들어 절하며 방탕히 먹고 마셨지요. 애굽인들은 '아피스'라는 황소 신과 '하토르'라는 암소 신을 섬겼는데 그것을 본떠 우상 숭배를 하고 만 것입니다. 그토록 하나님께서 함께하심을 보여 주셨건만 도무지 백성은 변화될 기미가 없었습니다. 결국 하나님의 진노가 임합니다. 이때 모세는 생명을 걸고 중보 기도를 올립니다.

　"그러나 합의하시면 이제 그들의 죄를 사하시옵소서 그렇지 않사오면 원컨대 주의 기록하신 책에서 내 이름을 지워 버려 주옵소서"(출 32:32)

주의 기록하신 책이란 구원받은 사람들의 이름이 기록된 생명책입니다. 생명책에서 이름이 지워진다는 것은 구원받지 못한다는 뜻입니다. 단순히 구원받지 못하는 차원을 넘어 지옥에서의 영원한 형벌을 의미하는 것입니다. 내세에 대해 누구보다 잘 아는 모세였지만 그는 자신의 생명과 맞바꿔서라도 백성을 구원하기 원했습니다. 이러한 모세의 고백은 한 영혼도 멸망치 않기를 원하시는 하나님의 마음을 그대로 닮았습니다.

연단을 통해 온유한 마음을 이룬 모세

물론 모세가 처음부터 온유한 마음을 가졌던 것은 아닙니다. 그는 히브리 사람이었지만 애굽 공주의 아들로 자라 아무 부족함 없이 살았지요. 게다가 당시 애굽 최고의 학문과 무예 등으로 자신을 갖추었기 때문에 그에게는 자존심과 자기가 옳다 하는 '의'가 있었습니다. 어느 날 이런 자기 의 가운데 히브리 사람을 학대하는 애굽 사람을 쳐 죽이고 말았습니다.

이 일로 모세는 하루아침에 도망자 신세가 됩니다. 다행히 미디안 제사장의 도움으로 양을 치는 목자로서 정착하지만 그는 모든 것을 잃었습니다. 가축을 치는 일은 애굽 사람들이 몹시 천하게 여기는 일입니다. 40년 동안 자신이 가장 천하게 여기던 일을 하면서 모세는 하나님의 사랑과 인생에 대해 많은 것을 느끼며 철저히 낮아졌습니다.

하나님께서는 이스라엘 백성을 이끌 지도자로서 '애굽의 왕자 모세'를 부르신 것이 아닙니다. 하나님의 부르심 앞에 여러 번 자신을 낮추었던 '목자 모세'를 부르셨지요. 연단을 통해 철저히 낮아지고 마음의 악을 버렸기에 그는 장정만도 60만이 넘는 이스라엘 백성을 출애굽시켜 가나안 땅을 향해 인도해갈 수 있었던 것입니다.

이처럼 온유한 마음을 이루는 데 있어서 중요한 것은 각자 주어진 연단을 통해 하나님 앞에 자신을 겸비하게 낮추고 선과 사랑을 이루는 것입니다. 하나님 앞에 얼마나 겸비하느냐에 따라 온유함의 정도도 달라지지요. 아론과 미리암처럼 '나는 이 정도 마음을 진리로 일구었다.' 하거나 '이만큼 사람들에게 인정받는 모습이 되었다.' 하고 안주한다면 오히려 교만하게 될 뿐입니다.

영적인 온유함을 온전케 하는 덕

영적인 온유함을 이루기 위해서는 성결해야 할 뿐 아니라 덕을 갖추어야 합니다. 일반적으로 덕이란 '공정하고 남을 넓게 이해하고 받아들이는 마음이나 행동, 사람의 도리에 합당한 일, 인격을 갖추어 상대가 감탄하며 마음으로 따르게 하는 일' 등으로 정의합니다. 영적인 의미의 '덕'도 마찬가지입니다. 덕이 있는 사람은 마음이 올바르고 공정하며 도리에 합당히 행합니다. 물리적 힘이 아니라 반듯한 말과 행동으로 상대의 부족함을 이해하고 포용함으로써 마음을 얻는 것입니다. 이런 사람은 다른 사람에게 신뢰를 주며 사랑을 받지요.

영적인 온유함을 말할 때 덕은 의복에 비유할 수 있습니다. 훌륭하고 멋진 사람이라도 벌거벗고 있으면 수치스러운 것처럼 아무리 온유해도 덕을 갖추지 않으면 그 진가를 발휘하기 어렵습니다. 가령, 마음은 온유한데 대화만 했다 하면 불필요한 장광설을 늘어놓는 사람이 있습니다. 이런 사람은 어떤 악의가 있는 것은 아니지만 아무래도 교양이 없어 보이니 상대에게 신뢰를 주지 못합니다. 또 마음이 온유해서 나쁜 감정을 품거나 상대에게 피해를 주는 일은 없지만 다른 사람의 일을 적극적으로 도와준다거나 세심하게 배려하는 것이 부족하다면 이 역시 사람들의 마음을 얻기는 어렵지요.

예컨대, 고운 빛깔과 향이 없는 꽃은 아무리 꿀이 많아도 벌이나 나비를 불러 모으기 어렵습니다. 마찬가지로 마음이 온유하여 악이 없고 오른뺨을 치면 왼뺨도 돌려댈 수 있는 사람이라 해도 말과 행실에 덕이 없으면 온유함이 제대로 빛을 발할 수 없습니다. 내면의 온유함과 외면의 덕을 함께 갖출 때 진정 온유하다 할 수 있고 그 가치를 발휘하는 것입니다.

　　요셉은 덕을 갖춘 인물이었습니다. 그는 이스라엘의 조상 야곱의 열한 번째 아들로 이복 형들의 미움을 받아 어린 나이에 애굽으로 팔려갔지만 하나님의 도우심으로 서른 살의 나이에 일약 총리에 오른 사람입니다. 당시 애굽은 세계 4대 문명의 발상지 중 하나인 나일 강을 중심으로 강대한 나라를 이루고 있었습니다. 왕을 비롯한 백성은 그만큼 자부심이 있었지요. 그곳에서 이방인으로서 총리가 된다는 것은 쉬운 일이 아닙니다. 만약 그에게 조금이라도 허물이나 과실이 있다면 그 자리를 지키기 어려웠을 것입니다.

　　이런 상황 속에서도 요셉은 애굽을 잘 치리했습니다. 온유하고 겸손했을 뿐 아니라 말과 행실에 흠이 없고 위정자로서의 지혜와 위엄도 있었지요. 왕 다음가는 큰 권세가 있었지만 군림하려 하거나 들레지 않았습니다. 자신에게는 엄격하지만 상대에게는 한없이 너그럽고 부드러웠습니다. 그렇기 때문에 왕이나 다른 신하들이 요셉을 경계하거나 시기하지 않았고 오히려 전폭적인 신뢰를 보냈지요. 후일 애굽 사람들이 기근을 피해 가나안 땅에서 이주해 온 요셉의 일가를 얼마나 환대했는지를 보아도 알 수 있습니다.

덕을 갖춘 요셉의 온유함

덕은 자신이 반듯한 언행을 갖추었다 해도 그 기준으로 상대를 판단, 정죄하지 않는 넓고 큰마음입니다. 요셉이 자신을 팔아넘긴 형들에게 어떻게 했는지 보면 이런 면모를 잘 알 수 있습니다. 근동 지방에 극심한 기근으로 양식을 구할 수 없을 때 요셉의 형들이 애굽에 곡식이 있다는 소식을 듣고 찾아옵니다.

처음에 형들은 요셉을 알아보지 못합니다. 20년이 넘었으니 못 알아보는 것이 당연하지요. 더욱이 그가 애굽 총리가 되었으리라고는 꿈에도 상상치 못했을 것입니다. 자신을 죽이려 했고, 결국 노예로 팔아넘긴 형들을 본 요셉의 마음은 어떠했을까요? 그는 형들의 죗값을 치르게 할 수 있는 충분한 힘이 있습니다. 하지만 요셉은 원수를 갚으려 하지 않습니다. 먼저 자신의 정체를 숨긴 채 형들의 마음이 옛날과 같은지 몇 차례 시험해 봅니다.

동생을 죽이려고 모의하고 타국에 판 것은 작은 죄가 아니기 때문에 그들이 회개하여 하나님과의 사이에 죄의 담을 허물 수 있도록 기회를 준 것입니다. 무조건 징계하거나 무조건 용서한 것이 아니라 형들 스스로 잘못을 뉘우치도록 상황을 만들어가지요. 드디어 형들이 과거 자신들의 잘못을 떠올리고 뉘우친 뒤에야 요셉은 자신을 밝혔습니다.

그 순간, 형들은 두려움에 떨었습니다. 자신들의 생명이 강대국의 총리가 된 요셉의 손에 달렸기 때문입니다. 두려워하는 형들에게 요셉은 "그때 왜 그랬느냐?"고 따져 묻지 않았습니다. "이제 그 죗값을 치를 각오를 하라"고 위협하지도 않습니다. 오히려 그들을 안심시키기 위해 노력하지요. "당신들이 나를 이곳에 팔았으므로 근심하지 마소서 한탄하지 마소서 하나님이 생명을 구원하시려고 나를 당신들 앞서 보내셨나이다"(창 45:5)

모든 일이 하나님의 뜻이었음을 인정합니다. 요셉은 형들을 마음에서 용서했을 뿐 아니라 그들의 마음을 헤아려 감동적인 말로 위로합니다. 원수까지도 감동시킬 수 있는 행함 곧 외면의 덕을 갖추고 있었던 것입니다. 요셉의 덕을 겸비한 온유는 기근에 처한 애굽과 그 지경의 수많은 생명을 건져내는 힘이었으며 하나님의 놀라운 뜻과 섭리를 이루는 근간이 되었습니다. 이처럼 덕은 마음에 있는 온유함이 적극적인 행함으로 나타난 것으로 많은 사람의 마음을 얻고 놀라운 힘을 발휘합니다.

덕을 갖추려면 성결해야

내면의 온유함이 성결을 통해 이뤄지듯이 덕 또한 악을 벗고 성결될 때라야 갖출 수 있습니다. 물론 성결되지 않았다 해도 교양을 바탕으로 혹은 타고난 마음 그릇이 커서 덕스런 행함이 나올 수도 있습니다. 그러나 진정한 덕은 악이 없는 마음, 진리를 좇는 마음에서 나올 때라야 참된 것입니다. 덕을 온전히 이루려면 단순히 마음의 크고 굵직한 악을 뽑아 버리는 것만으로는 충분하지 않습니다. 악은 모든 모양이라도 버려야 합니다(살전 5:22).

"하늘에 계신 너희 아버지의 온전하심과 같이 너희도 온전하라"(마 5:48)

내면에 악이 없을 뿐 아니라 말과 행실, 몸가짐 등 외적인 모습도 흠이 없을 때 많은 사람이 깃들일 수 있는 온유함을 이룰 수 있습니다. 그렇기 때문에 단순히 미움, 시기, 질투, 교만, 혈기 등 악을 버리는 차원에 머물러서는 안 됩니다. 말씀을 듣고 불같이 기도하는 가운데 성령의 주관을 받아 세세한 몸의 행실까지도 진리로 채워 나가야 합니다.

몸의 행실이란 무엇입니까? 로마서 8장 13절에 "너희가 육신대로 살면 반드시 죽을 것이로되 영으로써 몸의 행실을 죽이면 살리니" 말씀합니다. 여기서 몸은 단순히 사람의 신체를 말하는 것이 아닙니다. 영적인 의미로서 진리가 빠져 나간 상태의 몸을 의미합니다. 따라서 몸의 행실이란 사람이 범죄하여 육으로 변질된 후에 몸 안에 가득 담긴 비진리를 좇아 나오는 행실을 의미하지요. 이러한 몸의 행실에는 도둑질이나 폭력 등 명백한 비진리나 죄뿐만 아니라 온전하지 않은 행실도 모두 포함됩니다.

예전에 저는 신기한 체험을 한 적이 있습니다. 갑자기 어떤 물체가 닿으면 전기에 감전되듯 '찌릿찌릿'한 느낌이 들었습니다. 그때마다 움찔할 수밖에 없었지요. 겁이 나서 함부로 무엇을 만질 수 없을 정도였습니다. 자연히 물건을 잡을 때마다 '주님'을 부르며 기도하는 마음이 되었습니다. 조심스럽게 물건을 잡으면 그런 느낌이 없었습니다. 문을 열 때에도 살며시 손잡이를 잡아야 하고 성도와 악수를 할 때에도 신경을 써야만 했습니다. 몇 달간 이러다 보니 자연히 조심스러움이 몸에 뱄습니다. 나중에 깨달은 사실이지만 하나님께서는 그 체험을 통해 몸의 행실까지도 온전케 해 주셨지요.

사소한 것 같지만 몸가짐은 중요합니다. 말할 때나 웃을 때 습관적으로 옆 사람을 툭툭 치는 사람들이 있습니다. 때와 장소를 가리지 않고 지나치게 목소리가 커 주변에 피해를 주는 사람도 있지요. 큰 잘못은 아니지만 다른 사람의 눈살을 찌푸리게 할 수 있으니 몸의 행실이 온전하다 할 수 없습니다. 덕이 있는 사람은 주의 교양을 갖춰서 이런 작은 분야까지도 반듯하기 때문에 많은 사람이 깃들기를 원하는 것입니다.

덕을 갖추려면 마음 됨됨이를 바꾸어야

덕을 갖추기 위해서는 다음으로 마음 됨됨이를 좋게 바꾸어 나가야 합니다. 마음 됨됨이란 마음 그릇의 크기를 의미합니다. 마음 됨됨이에 따라 어떤 사람은 자신이 해야 할 것 이상을 해내는가 하면, 어떤 사람은 해야 할 일만 겨우 하거나 그만큼도 못하는 경우도 있습니다. 덕이 있는 사람은 마음이 크고 넓기 때문에 자신의 일뿐만 아니라 주변 사람들의 일도 살펴 주는 것입니다.

"각각 자기 일을 돌아볼뿐더러 또한 각각 다른 사람들의 일을 돌아보아 나의 기쁨을 충만케 하라"(빌 2:4)

마음 됨됨이는 자신이 얼마나 마음을 넓혀서 쓰는가에 따라 달라지므로 꾸준한 노력을 통해 변화시킬 수 있습니다. 자신의 일만 돌아보기에도 급급한 좁은 마음이라면 마음을 넓히기 위해 구체적으로 기도하며 성령의 도우심을 받아야 합니다.

애굽에 종으로 팔려가기 이전에 요셉은 온실의 화초처럼

곱게 자랐습니다. 아버지의 사랑을 독차지하며 집안 전체를 돌아본다거나 아버지의 사랑에서 소외된 형들의 처지나 마음을 헤아리지 못했습니다. 그러나 연단을 통해 철저히 낮아지니 주변을 돌아볼 수 있는 마음과 다른 사람까지 살필 수 있는 안목을 갖게 되었습니다. 그가 애굽에서 억울한 누명을 쓰고 감옥에 갇혔을 때 어떠했습니까? 자신의 고통에 얽매여 낙심한 것이 아닙니다. 감옥에서도 최선을 다해 주변을 돌아보았으며 함께 그곳에 갇힌 애굽 왕의 떡굽는 관원장과 술맡은 관원장의 얼굴에 깃든 수심까지도 읽어냈지요.

하나님께서는 요셉이 애굽의 총리가 될 것을 대비하여 마음을 넓히셨던 것입니다. 이처럼 악이 없는 온유한 마음에 덕을 갖춘다면 다양한 사람이 소속된 큰 조직도 능히 살피고 다스려 나갈 수 있습니다. 오늘날 리더에게 꼭 필요한 덕목이지요.

온유한 사람이 받는 축복

마음에 악이 없고 덕을 겸비하여 온유함을 온전히 이루면 어떤 복을 받게 될까요? 마태복음 5장 5절에 "온유한 자는 복이 있나니 저희가 땅을 기업으로 받을 것임이요" 했고, 시편 37편 11절에는 "오직 온유한 자는 땅을 차지하며 풍부한 화평으로 즐기리로다" 했습니다. 여기서 땅은 천국의 처소를 뜻하며, 땅을 기업으로 얻는다는 것은 장차 천국에서 큰 권세를 누리게 된다는 의미입니다.

왜 그럴까요? 온유한 사람은 하나님의 마음으로 영혼들에게 힘을 주고 은혜를 끼칩니다. 그렇기 때문에 온유할수록 더 많은 영혼이 깃들고 그들을 구원으로 인도할 수 있지요. 많은 사람이 깃들이는 큰 사람이 되었다는 것은 그만큼 섬긴다는 증거입니다. 하늘나라의 권세는 이처럼 섬기는 사람에게 주어집니다. 마태복음 23장 11절에 "너희 중에 큰 자는 너희를 섬기는 자가 되어야 하리라" 하신 대로 섬길수록 큰 자가 됩니다.

따라서 온유한 사람은 장차 천국에서 큰 권세를 누리고 그만큼 넓고 큰 땅을 기업으로 받습니다. 이 땅에서도 부와 명예, 권력이 있는 사람에게는 권세가 따르고 많은 사람이 모여듭니다. 이 땅의 권세는 대부분 부와 명예를 잃어버림과 동시에 사라지고 말지만 온유한 사람에게 따르는 권세는 다릅니다. 사라지거나 변하지 않습니다. 이 땅에서도 영혼이 잘되니 범사가 잘되는 축복을 받을 뿐 아니라 천국에서도 세세토록 하나님의 사랑을 받으며 무수한 영혼에게 존경의 대상이 되는 것입니다.

3. 사랑은 투기하지 않는 것

　공부를 잘하는 학생은 시험을 본 후 틀린 문제를 흘려버리지 않고 따로 정리하여 점검하는 것을 봅니다. 왜 틀렸는지 꼼꼼히 따져보고 문제를 충분히 이해하고 넘어가는 것입니다. 이렇게 하면 자신의 취약한 분야를 단시간 내에 효과적으로 공부하는 데 도움이 된다고 합니다. 영적인 사랑을 이루는 것도 마찬가지입니다. 하나님 말씀을 듣고 오래 참지 못한 것이 무엇인지, 온유와 덕으로 상대를 품지 못한 것이 무엇인지 자신의 마음을 들여다보고 언행을 살펴본다면 짧은 시간 안에 영적인 사랑을 이룰 수 있습니다. 이번에 다룰 사랑의 항목은 투기하지 않는 것입니다.

　투기는 마음의 시기, 질투가 심해져서 다른 사람에게 악을 행하는 것을 말합니다. 시기, 질투가 있으면 다른 사람이 잘되거나 사랑받을 때 마음이 불편합니다. 나보다 지식이 많고 부유하며 능력이 많은 사람을 보면 자존심이 상하고, 비슷한 조건을 가진 상대가 승승장구하면 부러움을 느낍니다. 심지어 상대가 밉고 그가 가진 것을 빼앗아 행복을 짓밟고 싶어

하지요.

한편으로는 '저 사람은 인정받고 사랑받는데 나는 뭔가? 왜 나는 늘 이 모양인가?' 하고 낙심하기도 합니다. 상대와 자신을 비교하여 마음이 상하는 것입니다. 대부분 낙심하는 마음은 시기, 질투가 아니라고 생각하기 쉽습니다. 그러나 영적인 사랑은 진리와 함께 기뻐하는 것입니다. 마음에 진정한 사랑이 있다면 상대가 잘될 때에 낙심하지 않고 함께 기뻐하지요. 낙심하거나 자책하며 기뻐하지 못하는 것은 '자기(自己)'가 살아 있기 때문입니다. 남보다 더 사랑받고 인정받고 싶은 자아(自我)가 살아 있기 때문에 자존심 상하고 낙심하는 것입니다.

이런 시기, 질투가 심해져서 악한 말과 행동으로 나오는 것이 바로 투기입니다. 투기가 심해지면 상대에게 해를 가하거나 죽이기도 합니다. 투기는 악하고 추한 마음의 죄성이 겉으로 드러난 것이기에 투기하는 사람은 구원받기 어렵습니다(갈 5:19~21). 눈에 보이도록 드러나는 죄, 곧 현저한 육체의 일이기 때문입니다. 투기는 몇 가지 유형으로 나눌 수 있습니다.

이성 간의 사랑에서 비롯된 투기

이성에게 더 사랑을 받으려고 투기하는 것입니다. 바로 야곱의 두 아내 레아와 라헬의 경우입니다. 믿음의 조상 아브라함의 손자이자 이삭의 아들 야곱에게는 레아와 라헬이라는 두 명의 아내가 있었습니다. 이들은 자매지간으로 외삼촌 라반의 딸들입니다. 언니 레아는 외삼촌의 속임수로 뜻하지 않게 맞이한 아내였고, 동생 라헬은 야곱이 연애하여 무려 14년이나 외삼촌에게 봉사하고 얻은 아내입니다. 자연히 야곱은 라헬을 더 사랑했지요. 그러나 레아가 아들을 네 명(르우벤, 시므온, 레위, 유다)이나 낳는 동안 라헬은 아이를 낳지 못합니다.

그 당시에는 여인이 아이를 낳지 못하면 큰 수치로 여겼습니다. 이 때문에 라헬은 끊임없이 언니를 투기하지요. 질투에 눈이 멀어 억지를 쓰며 남편을 괴롭히기까지 합니다. "나로 자식을 낳게 하라 그렇지 아니하면 내가 죽겠노라"(창 30:1)

이후에도 라헬과 레아는 자신들의 몸종을 남편에게 첩으로 주면서까지 그의 사랑을 차지하려고 다툽니다. 만약 그들의 마음에 조금이라도 영적인 사랑이 있었다면 상대가 남편의 사랑을 받는 것을 기뻐했겠지요. 투기는 결국 레아, 라헬, 야곱 모두를 불행하게 했습니다. 나아가 자녀들에게도 악영향을 미쳤습니다.

상대가 나보다 나으므로 투기하는 경우

사람은 저마다 중요하게 여기는 가치가 다르기 때문에 부러움을 느끼는 분야도 다릅니다. 그러나 대체로 상대가 부유하고 지식이 많으며 외모나 능력 면에서 앞서거나 다른 사람들에게 더 사랑받고 인정받을 때 투기가 일어납니다. 이러한 모습은 가정, 일터, 학교 등에서 어렵지 않게 찾아볼 수 있습니다. 자신보다 앞서고 소위 잘 나가는 사람이 있으면 미워하고 헐뜯습니다. 내가 잘되고 사랑받기 위해서는 다른 사람을 짓밟아야 한다고 생각하지요.

한 예로, 회사에서 승진하기 위해 경쟁자의 약점을 알리기도 하고 누명을 씌워 상사의 눈 밖에 나도록 합니다. 학생들이라고 해서 예외는 아닙니다. 공부 잘하는 친구를 따돌리거나 선생님들에게 사랑받는 아이를 괴롭히는 일도 있지요. 가정에서는 부모님의 인정과 사랑을 받기 위해, 더 많은 유산을 상속받기 위해 형제간에 다투며 헐뜯기도 합니다.

인류 최초 살인자 가인의 경우는 어떻습니까? 하나님께서 동생 아벨의 제사만을 받으시자 가인은 불타는 투기를 견디지 못하고 아벨을 죽이고 말았습니다. 그는 아버지 아담과 어머니 하와에게서 짐승을 잡아 드리는 피의 제사에 대해 누

누이 들어 알았을 것입니다. 그런데도 자신이 농사지은 곡물로 제사를 드렸지요.

"율법을 좇아 거의 모든 물건이 피로써 정결케 되나니 피흘림이 없은즉 사함이 없느니라"(히 9:22)

반면 아벨은 하나님 뜻에 합당하게 양의 첫 새끼로 정성껏 제사했습니다. 혹 아벨은 양을 치는 사람이니 양으로 제사하는 것이 어렵지 않을 것이라고 말할 수도 있지만 결코 아닙니다. 그는 부모에게서 배운 하나님의 뜻을 알았고 그 뜻대로 순종하려는 마음이었습니다. 하나님께서는 아벨의 제사만 받으셨지요. 이때 가인은 자신의 잘못을 돌아보기는커녕 동생을 시기합니다. 한번 불붙기 시작한 투기는 걷잡을 수 없이 타올랐습니다. 그는 결국 자신의 악을 참지 못하고 동생을 죽인 것입니다. 이로 인해 아담과 하와가 받았을 고통이 얼마나 컸겠습니까.

믿음의 형제들 간에 투기하는 경우

질서나 직분, 또는 신앙이 앞서거나 열심히 충성하는 형제, 자매를 투기하는 사람도 있습니다. 이 경우 보통 자신과 나이나 직분이 비슷한 상대, 잘 아는 사람에 대해 많이 나타납니다. 상대가 나에게 어떤 잘못이나 해를 끼친 것도 아닌데 괜히 마음이 불편하고 부글부글합니다. 서로를 잘 알다보니 자신보다 별로 나은 것도 없고 이런저런 부족함도 많은데 사랑받고 인정받으니 불만스러운 것이지요. 만약 그가 자신이 섬겨야 하는 윗사람이라면 그의 말에 순종하려 들지 않고 오히려 주변에 윗사람의 허물을 전하기도 합니다. 어찌하든 상대를 깎아내리려고 하지요.

또한 "먼저 된 자로서 나중 되고 나중 된 자로서 먼저 될 자가 많으니라"(마 19:30) 하신 것처럼 나보다 나이나 연륜, 직분이 낮은 사람이 더 앞선다면 시기, 질투를 강하게 느낍니다. 이러한 투기는 성도 간에만 있는 것이 아닙니다. 주의 종과 성도 사이에, 혹은 교회와 교회 사이, 교단 사이에도 있습니다. 하나님께 영광 돌리면 함께 기뻐해야 하는데 오히려 헐뜯고 비방하며 이단이라 정죄하는 것입니다. 만일 한 핏줄을 타고 난 자녀들이 서로 다투고 미워한다면 부모의 마음이 어떻겠습니까. 먹어도 먹은 것 같지 않고 아무리 좋은 것을 드린들 기쁠 리 없습니다. 하물며 하나님의 자녀인 성도끼리 싸우고 다툰다면, 주님의 몸 된 교회 간에 투기한다면 주님께서 얼마나 탄식하시겠습니까.

이스라엘 초대 왕 사울은 투기로 인생을 허비한 사람입니다. 그에게 다윗은 나라를 구한 은인입니다. 블레셋의 적장 골리앗의 위협 앞에서 군사들의 사기가 바닥까지 떨어졌을 때 혜성같이 등장하여 물맷돌 하나로 단번에 적장을 쓰러뜨렸습니다. 싸움의 승패는 이미 결정났지요. 이후에도 다윗은 이스라엘 변방에 있는 블레셋의 잦은 침략으로부터 나라를 지키는 데 큰 몫을 감당했습니다. 문제는 이제부터입니다. 승리하여 돌아오는 사울과 다윗을 환영하던 인파 속에 몹시 거슬리는 소리가 들려왔습니다.

"사울의 죽인 자는 천천이요 다윗은 만만이로다"(삼상 18:7)

사울은 불쾌했습니다. '감히 나와 다윗을 비교하다니! 한낱 양치기에 불과했던 아이가 아닌가.'

생각하면 할수록 괘씸하고 화가 치밀어 올랐습니다. 다윗을 칭송하는 백성도 못마땅하지만 그간 다윗의 행동이 새삼 다르게 보였습니다. 행동 하나하나가 백성의 마음을 얻으려는 듯 계산적으로 보였을 것입니다. 이제 분노의 화살이 다윗에게 향합니다.

'이미 백성의 마음을 얻고 그들을 등에 업었다면 그가 왕

위를 찬탈하는 것은 시간문제 아닌가.'

생각이 여기까지 미치자, 사울은 다윗을 없애기 위해 기회를 엿보았습니다. 마침 자신이 악신에게 고통받을 때 다윗이 찾아와 수금을 타 주었습니다. 사울은 기회를 놓치지 않고 그를 향해 날카로운 단창을 던졌지요. 다행히 다윗이 급히 피하여 위험한 고비를 넘겼습니다. 하지만 투기로 불타오른 사울은 다윗을 죽이려고 혈안이 되었습니다. 전쟁터에 보내기도 하고, 군사를 이끌고 집요하게 쫓아다니며 죽이고자 했습니다.

다윗은 사울이 기름부음을 받은 왕이었기에 추호도 해칠 마음이 없습니다. 사울도 그것을 알고 있었지요. 그럼에도 한번 일어난 투기의 불꽃은 쉽게 사그라지지 않았습니다. 생각이 꼬리에 꼬리를 물고 그를 괴롭혔지요. 결국 사울은 블레셋과의 전투에서 스스로 목숨을 끊기까지 투기 때문에 한시도 평안할 날이 없었습니다.

모세를 투기하여 거스른 사람들

민수기 16장에는 고라와 다단과 아비람이 나옵니다. 레위 자손이었던 고라와, 르우벤 지파에 속했던 다단과 아비람 형제는 모세와 그를 돕는 아론에게 불만을 품습니다. 도망자로서 미디안 광야에서 이름 모를 양치기로 살았던 그가 자신들 위에 군림한다고 생각하니 불쾌했고 자신들도 지도자 자리에 오르고 싶은 시기심도 있었지요. 그래서 사람들과 접촉하며 동조자를 만들어갑니다.

고라, 다단, 아비람은 250명의 동조자를 얻은 뒤 이참에 주도권을 얻으리라 생각했습니다. 충분히 승산이 있다고 판단한 그들은 모세와 아론에게 찾아가 따집니다. "너희가 분수에 지나도다 회중이 다 각각 거룩하고 여호와께서도 그들 중에 계시거늘 너희가 어찌하여 여호와의 총회 위에 스스로 높이느뇨"(민 16:3)

정면으로 모세와 아론을 비난하는 그들을 향해 모세는 아무런 말도 하지 않습니다. 오직 하나님께 꿇어 엎드려 기도한 뒤 그들의 잘못을 깨우쳐 주고 하나님께서 판단하시기를 구합니다. 그러자 하나님의 진노가 임하여 땅이 갈라지고 그들과 그 가족과, 고라에게 속한 모든 사람과 물건이 음부에 빠졌습니다. 또한 그들에게 동조했던 250명은 불에 소멸되었습니다.

모세는 백성을 해롭게 한 일이 단 한 가지도 없습니다(민 16:15). 오히려 지도자로서 진액을 다해 백성을 이끌었지요. 또한 그는 따르는 이적과 기사로 하나님이 함께하신다는 것을 증명했습니다. 애굽에 열 재앙이 내리는 것을 보여 주었고, 홍해를 갈라 마른 땅으로 건너며, 반석에서 물을 내고 광야에서 만나와 메추라기를 먹이기까지 놀라운 일을 베풀었습니다. 그럼에도 이들은 '모세가 스스로를 높인다' 비방하며 대적했던 것입니다.

하나님께서는 모세를 투기한 이들의 죄가 얼마나 큰지 모든 백성에게도 깨우쳐 주셨습니다. 하나님께서 세운 사람을 판단 정죄하는 것은 하나님을 판단 정죄하는 것과 같기 때문입니다. 따라서 주님의 이름으로 사역하는 교회를 '잘못되었다. 이단이다.'라고 함부로 비난해서는 안 됩니다. 하나님 안에서 한 형제, 자매이기 때문에 투기는 그만큼 하나님 앞에 큰 죄가 됩니다.

헛된 것을 위해 투기하는 어리석음

우리가 투기한다고 해서 원하는 것을 얻을 수 있을까요? 결코 그렇지 않습니다. 어느 정도까지는 상대를 곤경에 빠뜨리고 앞서는 것처럼 보일 수도 있지만 결과적으로는 원하는 것을 다 가질 수 없습니다. "너희가 욕심을 내어도 얻지 못하고 살인하며 시기하여도 능히 취하지 못하나니 너희가 다투고 싸우는도다"(약 4:2)

오히려 욥기 4장 8절에 "내가 보건대 악을 밭 갈고 독을 뿌리는 자는 그대로 거두나니" 말씀한 대로 자신이 행한 악이 부메랑처럼 되돌아옵니다. 자신이 뿌린 악의 대가로 병을 얻거나 가정과 일터에 재앙을 당하는 것입니다. "마음의 화평은 육신의 생명이나 시기는 뼈의 썩음이니라"(잠 14:30) 한 대로 투기는 자신을 상하게 하니 백해무익할 뿐입니다. 따라서 남보다 앞서고 싶다면 투기함으로 에너지를 소모하기보다 모든 생사화복을 주관하시는 하나님께 구해야 합니다.

물론 구한다고 다 얻는 것은 아닙니다. 야고보서 4장 3절에 "구하여도 받지 못함은 정욕으로 쓰려고 잘못 구함이니라" 하신 대로 정욕으로 쓰려고 구하는 것은 하나님의 뜻이 아니니 받을 수 없지요. 그런데 얼마나 많은 사람이 욕심을 따라 구하고 있습니까? 오직 자신의 안위와 자랑을 위해 재물과 명예와 권세를 구합니다. 간혹 목회를 하다 보면 안타까운 것이 그것입니다. 재물과 명예와 권세보다 더 중요한 것이 영혼이 잘되는 축복이기 때문입니다.

아무리 많은 것을 가지고 누린다 해도 영혼이 구원받지 못한다면 무슨 소용입니까. 우리가 반드시 명심해야 할 것은 이 세상의 모든 것은 결국 안개와 같이 사라져 버린다는 것입니다. 요한일서 2장 17절에 "이 세상도, 그 정욕도 지나가되 오직 하나님의 뜻을 행하는 이는 영원히 거하느니라" 했고, 전도서 12장 8절에는 "전도자가 가로되 헛되고 헛되도다 모든 것이 헛되도다" 하셨습니다. 헛된 세상의 것에 연연함으로 형제를 시기하고 다투는 것이 아니라 하나님 앞에 합당한 마음을 이루기 위해 힘쓰시기 바랍니다. 그러면 하나님께서 마음의 소원을 이루시고 영원한 천국을 얻게 하십니다.

투기와 영적인 욕심은 달라

하나님을 믿으면서도 투기하는 이유는 믿음이 적고 사랑이 없기 때문입니다. 하나님과 천국에 대한 믿음과 사랑이 적으면 세상 부와 명예, 권세 등을 더 갖기 위해 투기합니다. 구원받은 하나님의 자녀로서 하늘에 시민권이 있다는 확실한 믿음이 있으면 주 안에서 맺어진 형제, 자매가 가족 이상의 존재가 됩니다. 장차 천국에서 영원히 함께 살 것을 믿기 때문입니다.

설령 아직 예수 그리스도를 믿지 않은 사람이라도 구원으로 인도해야 할 소중한 사람들입니다. 이런 확고한 믿음 위에 참사랑이 임한 만큼 이웃을 내 몸과 같이 사랑하게 되니 남이 잘되는 것을 보면 내가 잘된 것처럼 기쁘고 행복합니다. 이처럼 진정 믿음이 있는 사람은 세상의 헛된 것들을 추구하지 않고 어찌하든 더 좋은 천국을 침노하려고 주의 일에 열심을 냅니다. 곧 영적인 욕심을 갖게 되지요.

"세례 요한의 때부터 지금까지 천국은 침노를 당하나니 침노하는 자는 빼앗느니라"(마 11:12)

영적인 욕심은 투기와는 분명 다릅니다. 주 안에서 누구보다 더 열심히 변화되어 뜨겁게 충성하려는 마음은 중요합니다. 그러나 그 마음이 지나쳐서 진리를 벗어나거나 상대를 실족시키는 일이 있어서는 안 됩니다. 열심을 내더라도 항상 주변을 살피고 상대의 유익을 구해 주며 화평을 좇아야 합니다.

4. 사랑은 자랑하지 않는 것

늘 자기 자랑으로 넘쳐나는 사람이 있습니다. 다른 사람들이 어떻게 느끼든지 전혀 개의치 않고 자신이 가진 것을 드러내 알아주기 원하며 우쭐대는 것입니다. 요셉이 어린 시절에는 철모르고 꿈 자랑을 하다 이복 형들에게 적잖은 미움을 받았습니다. 아버지의 특별한 사랑을 받다 보니 이복 형들의 마음을 헤아릴 줄 몰랐던 것입니다. 이후 노예로 팔려가 많은 연단을 거치면서 영적인 사랑을 이루었지만 처음에는 그렇지 못했지요. 이처럼 영적인 사랑을 이루기 전에는 자기 자랑으로 인해 화평을 깨기도 합니다. 그러므로 하나님께서는 "사랑은 자랑하지 아니하며"라고 말씀하십니다.

간단히 말해 자랑이란 '자기를 드러내는 것, 자기를 내세우는 것'입니다. 사람들은 대개 남보다 더 나은 분야가 있으면 그것을 내세워 인정받고 싶어 하지요. 이러한 자랑은 어떤 영향을 끼칠까요?

자녀가 공부를 잘해서 이웃에게 자랑한다고 합시다. 함께 기뻐하는 경우도 있겠지만 공부를 못하는 자녀를 둔 부모라면 어떻겠습니까? 대개 자존심이 상하지요. 속이 상한 나머지 괜히 자녀를 나무랍니다. 이웃을 배려하는 선한 마음이 있다면 아무리 자기 자녀가 공부를 잘해도 함부로 자랑하지는 않을 것입니다. 또한 이웃의 자녀도 잘하기를 바라며, 잘되면 기꺼이 기쁜 마음으로 칭찬해 줄 것입니다.

자랑을 잘하는 사람들은 대부분 다른 사람을 칭찬하는 데에는 몹시 인색합니다. 남이 드러나는 만큼 자신이 가려진다고 생각하기 때문에 어찌하든 상대를 깎아내리려고 합니다. 그러다 보면 자랑이 다툼을 일으키기도 하지요. 자랑하는 마음은 이처럼 영적인 사랑과는 거리가 멉니다. 스스로 자랑하면 높아지고 인정받을 것 같지만 진심 어린 존경이나 사랑을 받기는 어려우며 오히려 다른 사람들에게 시기, 질투를 불러일으킬 뿐입니다.

"이제 너희가 허탄한 자랑을 자랑하니 이러한 자랑은 다 악한 것이라"(약 4:16)

세상을 사랑하는 데서 비롯된 이생의 자랑

사람들이 자신을 드러내 자랑하고 싶어 하는 이유는 무엇일까요? 마음 안에 '이생의 자랑'이 있기 때문입니다. 이생의 자랑이란 자기만족과 쾌락을 위해 자신을 드러내고 자랑하는 속성입니다. 이는 세상을 사랑하는 마음에서 비롯됩니다.

대개 사람들은 자신이 중요하게 여기는 것을 자랑하게 마련입니다. 돈을 사랑하는 사람은 자신의 부를 자랑하고 외모를 중요시하는 사람은 외모를 자랑합니다. 즉 하나님보다 자신이 가진 돈과 외모, 명예, 권세 등이 앞선 것입니다.

한 남 성도는 용산 전자상가에서 컴퓨터 판매업으로 국내 대기업의 협력업체로 인정받으며 자리를 잡았습니다. 더 많은 일을 하고 싶은 마음에 각종 대출을 받고 회원제로 큰돈을 모아 PC방 체인사업, 인터넷 방송사 등에 무리하게 투자했지요. 게다가 코스닥 상장을 하면 더 큰 이윤을 남길 수 있겠다는 생각에 회사를 설립했습니다.

그런데 이윤을 얻기는커녕 자금 회전이 되지 않아 갈수록 손실이 커지고 급기야 부도를 내고 말았습니다. 집은 경매로 넘어가고 채권자들의 빚 독촉이 빗발쳤습니다. 어린 딸과 만삭이 된 아내와 함께 지하방, 옥탑방을 전전하였지요. 그쯤 되자 그는 자신을 돌아보기 시작했습니다. 출세하여 자랑하고 싶은 욕망, 돈에 대한 욕심 등이 떠올랐습니다. 이런 자랑과 욕심 때문에 무리한 사업 확장으로 주변 사람들을 힘들게 한 일도 떠올랐지요.

하나님 앞에 중심에서 회개하고 자랑과 욕심을 버리니 하수구 맨홀 청소, 정화조 청소 등을 하면서도 기쁘고 행복했다고 합니다. 이런 모습을 보신 하나님께서 그에게 새로운 사업을 할 수 있는 길을 열어 주셨습니다. 이제는 항상 정도를 좇아 경영하니 나날이 사업이 번창하는 축복을 받았습니다.

"이 세상이나 세상에 있는 것들을 사랑치 말라 누구든지 세상을 사랑하면 아버지의 사랑이 그 속에 있지 아니하니 이는 세상에 있는 모든 것이 육신의 정욕과 안목의 정욕과 이생의 자랑이니 다 아버지께로 좇아온 것이 아니요 세상으로 좇아온 것이라"(요일 2:15~16)

남유다 왕국의 13대 왕인 히스기야는 한때 하나님 보시기에 정직하였고 성전을 정결케 하는 데 앞장섰던 왕입니다. 그는 기도로 앗수르 제국의 공격을 이겨냈고 죽을병에 걸렸을 때에도 눈물로 기도하여 15년간이나 생명을 연장받기도 했습니다. 그러나 그에게는 이생의 자랑이 남아 있었습니다. 그의 병이 치료되었다는 소식을 들은 바벨론 왕이 외교 사절단을 보냈을 때입니다.

기분이 몹시 좋아진 히스기야는 들뜬 나머지 그들에게 자신의 보물과 성전의 기물들을 보여 주며 위세를 자랑합니다. 결국 그 자랑 때문에 남유다 왕국은 바벨론의 침략을 받고 말았습니다. 그토록 자랑하던 모든 것을 송두리째 빼앗긴 것입니다(사 39:1~6). 이처럼 자랑하는 마음은 헛된 세상으로부터 온 것이므로 그만큼 하나님에 대한 사랑이 없음을 나타냅니다. 따라서 참사랑을 이루려면 마음에서 이생의 자랑을 버려야 합니다.

주 안에서의 자랑

자랑 중에도 선하고 좋은 자랑이 있습니다. 고린도후서 10장 17절에 "자랑하는 자는 주 안에서 자랑할지니라" 하신 대로 '주 안에서의 자랑'입니다. 주 안에서 자랑한다는 것은 하나님께 영광 돌리는 것이므로 얼마든지 해도 좋습니다. 주 안에서의 자랑 중 대표적인 것이 바로 '간증'입니다.

사도 바울이 "내게는 우리 주 예수 그리스도의 십자가 외에 결코 자랑할 것이 없으니"(갈 6:14) 고백한 것처럼 우리를 구원하고 천국을 주신 예수 그리스도를 자랑하는 것입니다. 죄로 인해 영원히 죽을 수밖에 없었는데 십자가에서 우리의 죗값을 대신 치러 주신 예수님 은혜로 영생을 얻었으니 얼마나 감사한 일입니까? 사도 바울은 도리어 자신의 약함을 자랑했습니다.

"내게 이르시기를 내 은혜가 네게 족하도다 이는 내 능력이 약한 데서 온전하여짐이라 하신지라 이러므로 도리어 크게 기뻐함으로 나의 여러 약한 것들에 대하여 자랑하리니 이는 그리스도의 능력으로 내게 머물게 하려 함이라"(고후 12:9)

사실 바울은 그의 몸에서 손수건이나 앞치마를 가져다가 병든 사람에게 얹으면 나을 만큼 권능을 많이 베풀었습니다. 또 3차에 걸쳐 전도 여행을 다니며 많은 사람을 주님께로 인도했고 곳곳에 교회를 세웠습니다. 그러나 그는 이 모든 일이 자신의 힘으로 한 것이 아니라고 고백합니다. 오직 하나님의 은혜이고 주님의 능력임을 자랑한 것입니다.

오늘날에는 많은 사람이 자신의 삶 속에서 살아 계신 하나님을 만나고 체험한 일을 간증합니다. 하나님을 간절히 찾고 사랑하는 행함을 보였을 때 질병의 치료와 물질의 축복을 주시며 화평한 가정을 이루게 되었다며 하나님의 사랑을 전합니다.

"나를 사랑하는 자들이 나의 사랑을 입으며 나를 간절히 찾는 자가 나를 만날 것이니라"(잠 8:17)

무엇보다도 하나님의 사랑을 체험하고 큰 믿음을 갖게 되는 등 영적인 축복을 받은 것에 감사해하지요. 이처럼 주 안에서의 자랑은 하나님께 영광을 돌릴 뿐만 아니라 다른 사람들에게도 믿음과 생명을 심어 줍니다. 하늘나라에 상급이 쌓이고 마음의 소원도 더 신속히 응답되는 것입니다.

이때에도 잘 분별해야 합니다. 말로는 "하나님께 영광 돌립니다." 고백하지만 자신을 드러내고자 하는 경우가 있기 때문입니다. 은연중에 '내가 이만큼 노력했기 때문에 축복받을 수 있었다'고 으쓱해 합니다. 하나님께 영광 돌리는 듯 보이지만 결국 자신의 공로로 돌리는 것입니다. 이런 사람은 사단의 송사를 받습니다. 자신을 자랑한 결과가 열매로 드러나는 것이지요. 이런저런 시험 환난을 당하기도 하고, 자신을 알아주지 않으면 하나님을 떠나는 것입니다.

우리는 "각 사람이 이웃을 기쁘게 하되 선을 이루고 덕을 세우도록 할지니라"(롬 15:2) 하신 대로 범사에 덕을 세우는 말, 상대에게 믿음과 생명을 주는 말을 해야 합니다. 정수기의 필터를 거쳐 물이 정화되듯이 말할 때에도 성급히 하지 말고 상대에게 유익한지, 혹은 상처가 되는지 한 번쯤 걸러서 생각해 본다면 얼마나 좋겠습니까.

이생의 자랑을 버리려면

아무리 자랑할 것이 많은 사람이라도 영원히 살 수는 없습니다. 삶을 마친 후에는 천국 또는 지옥으로 가게 되지요. 천국에서는 밟고 다니는 길조차 정금이니 이 땅의 풍요로움과는 가히 비교할 수 없습니다. 이 땅에서 자랑하던 것들이 무색하지요. 또한 지옥에 간다면 큰 부와 지식과 명예와 권세를 누렸다 한들 무슨 자랑이 되겠습니까?

"사람이 만일 온 천하를 얻고도 제 목숨을 잃으면 무엇이 유익하리요 사람이 무엇을 주고 제 목숨을 바꾸겠느냐 인자가 아버지의 영광으로 그 천사들과 함께 오리니 그때에 각 사람의 행한 대로 갚으리라"(마 16:26~27)

세상의 자랑거리는 결코 영원한 생명이나 만족을 줄 수 없습니다. 오히려 헛된 욕심을 불러일으켜 멸망으로 가는 지름길이 됩니다. 이러한 사실을 깨닫고 천국에 대한 소망을 마음 가득 채워 나가면 이생의 자랑을 뽑아 버릴 수 있는 힘이 옵니다. 마치 아이가 멋진 최신형 장난감을 선물 받았을 때 낡고 보잘것없는 장난감을 쉽게 놓는 것과 같습니다. 찬란한 천국의 황금보석과 아름다움을 알기 때문에 이 땅에 있는 것에 연연하여 아등바등하지 않는 것이지요.

우리가 이생의 자랑을 버리면 오직 예수 그리스도만 자랑하게 됩니다. 이 세상의 것들이 자랑스러운 것이 아니라 장차 천국에서 누릴 영원한 영광이 자랑스럽게 느껴지기 때문입니다. 그러면 이전에는 몰랐던 기쁨이 날마다 흘러넘치게 됩니다. 삶의 여정 중에 설령 여러 가지 연단을 겪는다 해도 힘들다 하지 않습니다. 나를 구원하기 위해 독생자 예수님을 십자가에 내주신 하나님 사랑에 감사하며 범사에 기쁨이 충만하지요. 이생의 자랑을 구하는 마음이 없다면 칭찬받는다 해서 들뜨지 않고, 책망받는다 해서 낙심하지도 않습니다. 칭찬받을 때에는 더 겸비하게 자신을 돌아보고 책망을 받는다 해도 변화될 수 있도록 깨우쳐 주심에 감사하며 더 노력할 따름입니다.

5. 사랑은 교만하지 않는 것

자기 자랑이 많은 사람은 남보다 우월하다 느끼고 쉽게 교만에 빠집니다. 또 일이 술술 풀리고 잘되면 자기가 잘나서 그런 줄 알고 우쭐대거나 나태해지기 쉽습니다. 성경을 보면 하나님께서 특히 싫어하시는 악 중에 하나가 바로 교만입니다. 이 땅의 언어가 나뉘었던 바벨탑 사건도 사람이 하나님과 겨루고자 하는 교만에서 비롯된 일입니다.

교만한 사람의 특징

교만이란 '남을 나보다 낫게 여기지 못하고 무시하는 것, 내가 모든 면에서 우월하다고 여기는 것'입니다. 교만한 사람은 자신을 제일로 여깁니다. 매사에 상대를 무시하고 얕잡아 보며 가르치려 합니다. 보통 자신보다 못해 보이는 상대에게 나타나지만 심한 경우에는 자신을 가르쳐 주고 이끌어 준 사람이나 질서상 윗사람까지도 무시합니다. 윗사람이 어떤 권면이나 지적을 해 주어도 "뭘 모르고 저렇게 말씀하시네."라고 불평하거나 "그 정도는 나도 다 아는데…. 잘할 수 있는데." 하며 잘 들으려 하지 않습니다.

이런 사람과 대화를 하면 곧잘 변론으로 이어져 다툼이 생깁니다. 심하면 서로 자기가 옳다고 혈기를 내며 싸움으로 번지기까지 하지요. 잠언 13장 10절에 "교만에서는 다툼만 일어날 뿐이라 권면을 듣는 자는 지혜가 있느니라" 했으며, 디모데후서 2장 23절에는 "어리석고 무식한 변론을 버리라 이에서 다툼이 나는 줄 앎이라" 말씀합니다. 따라서 자신만 옳다고 생각하는 것 자체가 얼마나 어리석고 악한지요.

사람들은 저마다 양심이 다르고 지식도 다릅니다. 살아오면서 보고 듣고 배우며 체험한 것이 저마다 다르기 때문입니다. 이러한 지식 중에는 오류도 많고 스스로 엉뚱하게 입력한 것도 있습니다. 이런 것들이 오랜 시간에 걸쳐 굳어지면 자신만의 '의'와 '틀'이 형성됩니다. 의란 자기가 옳다고 하는 것이며, 이것이 굳어지면서 틀이 되는 것입니다. 어떤 사람은 성격이 틀이 되기도 하고 어떤 사람은 자기가 알고 있는 지식 하나의 틀이 되기도 합니다.

사람의 몸으로 치면 틀은 골격과 같아서 자기만의 모습을 만들 뿐 아니라 일단 형성되면 깨지기가 쉽지 않습니다. 사람들의 생각도 대개 의와 틀에서 나옵니다. 자격지심이 많은 사람은 상대가 손가락으로 가리키기만 해도 민감한 반응을 보입니다. 또 부자가 옷깃만 여며도 옷 자랑한다 생각하고 누가 어려운 문자만 써도 자기를 무시한다고 느끼지요.

초등학교 시절, 저는 선생님에게서 자유의 여신상이 미국 서부 샌프란시스코에 있다고 배웠습니다. 한 번도 가보지 않은 미지의 나라를 지도까지 펼쳐 가며 배운 기억이 지금도 생생합니다. 그 후 1990년대 초반 연합성회 인도차 미국에 갔을 때였습니다. 뉴욕에 가니 자유의 여신상이 눈에 들어왔습니다.

샌프란시스코에 있어야 할 것이 왜 뉴욕에 있는지 처음에는 이해가 되지 않았습니다. 주변에 물어보니 자유의 여신상은 원래 뉴욕에 있다는 것입니다. 어려서부터 철석같이 믿고 있던 지식이 틀렸다는 것을 안 순간 내가 옳다고 믿는 것도 틀릴 수 있다는 것을 깨달았습니다. 이처럼 저마다 옳다고 주장하는 것 중에는 옳지 않은 것이 많지요.

교만하면 자신이 틀려도 그것을 인정하지 못하고 계속 주장하다가 변론으로 이어집니다. 반면에 겸손한 사람은 설령 자신의 주장이 옳고 상대가 틀려도 변론하지 않습니다. 백 퍼센트의 확신이 있다 해도 만에 하나 자신이 틀릴 수 있다는 여지를 남겨 두지요. 굳이 상대를 누르고 싶은 마음이 없기 때문입니다.

겸손한 마음에는 그만큼 '나보다 남을 낮게 여기는' 영적인 사랑이 있습니다. 상대가 자신보다 가난하든 배움이 적든, 힘이 약하든 진심으로 자신보다 낫게 여기지요. 설령 어린아이라 해도 그 마음을 배려해 줍니다. 모든 영혼은 예수님의 피 값으로 구원받은 하나님 자녀로서 존귀한 존재라고 생각하기 때문입니다.

육적인 교만과 영적인 교만

대체로 눈에 띄게 자신을 뽐내고, 남을 무시하는 등 겉으로 드러나는 교만은 쉽게 발견할 수 있습니다. 이를 육적인 교만이라고 합니다. 육적인 교만은 예수 그리스도를 영접하고 진리를 알면 버리기 위해 노력하기 때문에 비교적 쉽게 버려집니다. 반면 영적인 교만은 스스로 발견하기도 쉽지 않을뿐더러 버리기도 어렵습니다. 그러면 영적인 교만이란 무엇일까요?

신앙생활을 오래 하면 말씀을 들어 많이 압니다. 직분과 사명을 받아 위치가 높아지기도 하지요. 그러다 보면 자신이 아는 말씀을 마음에 이룬 것처럼 착각합니다. 또 상대를 지적하고 판단, 정죄하면서도 자신은 진리로 옳고 그름을 분별하는 것이라고 생각합니다. 어떤 사람들은 마음이 높아져서 꼭 지켜야 할 절차를 자신의 유익을 좇아 무시하기도 합니다. 명백히 질서를 거스르는 행동인데도 '나는 이만한 위치에 있으니 괜찮다. 나는 예외다.'라고 생각하지요. 이처럼 높아진 마음을 영적인 교만이라고 합니다.

마음이 높아져서 하나님의 법과 질서를 무시하면서 '하나님을 사랑한다' 말하면 이는 참이 될 수 없습니다. 다른 사람을 판단, 정죄하는 마음 또한 진정한 사랑이라 할 수 없지요. 진리는 오직 좋은 것만 보고 듣고 말하기 때문입니다.

"형제들아 피차에 비방하지 말라 형제를 비방하는 자나 형제를 판단하는 자는 곧 율법을 비방하고 율법을 판단하는 것이라 네가 만일 율법을 판단하면 율법의 준행자가 아니요 재판자로다"(약 4:11)

상대의 부족한 모습을 보았을 때 어떠한 마음이 드는지요? 아프리카 바벰바 부족 사회에는 죄짓는 사람이 생기면 기발한 방법으로 다스린다고 합니다. 저마다 하던 일을 중단하고 광장에 모여 죄인을 중심으로 돌아가며 그가 과거에 했던 좋은 일들을 진심으로 칭찬해 줍니다. 그의 장점, 선행, 미담 등을 몇 시간이고 며칠이고 칭찬이 바닥 날 때까지 하는 것입니다. 그 뒤 잘못을 저질렀던 사람이 새 사람이 되었다는 의미로 축하의 잔치를 벌입니다.

그 과정을 거치면서 죄를 지은 사람은 위축된 자존심을

회복하고 이웃 사랑에 보답하겠다는 결심을 합니다. 바로 이러한 색다른 심판 때문에 이 사회에서는 범죄 행위가 거의 없다고 합니다. 상대의 잘못을 보았을 때 판단하고 정죄하는 마음이 앞서는지, 아니면 감싸주고자 하는 마음이 앞서는지 생각해 보면 얼마나 내 안에 겸손과 사랑을 이루었는지 알 수 있습니다. 신앙의 연수가 오래되었다 해서 '내가 이만큼 이루었다' 하고 안주하는 일이 결코 없어야 합니다.

사람은 누구나 성결하기 전에는 교만해질 수 있는 속성이 있으므로 이러한 죄성을 뿌리째 뽑아 버리는 것은 매우 중요합니다. 불같은 기도로 온전히 뽑아 버리지 않으면 어느 순간 다시 교만한 모습이 나오기 때문입니다. 마치 잡초를 잘라내도 뿌리가 남아 있으면 다시 싹을 틔우는 것과 같습니다. 즉 죄성을 마음에서 온전히 뽑아 버린 것은 아니기 때문에 신앙생활을 하다 보면 다시 교만이 틈타는 것입니다. 따라서 항상 어린아이처럼 주님 앞에 자신을 낮추며, 나보다 다른 사람을 낮게 여기고, 생명 다해 섬기는 최고의 사랑을 이루기까지 변함없이 달려가야 합니다.

자신을 믿고 사는 교만한 사람들

느부갓네살은 대제국 바벨론의 황금시대를 열었던 사람

입니다. 고대 불가사의 중 하나인 '공중 정원'도 그의 시대에 만들어졌습니다. 그는 자신의 왕국과 업적을 오직 스스로 이루었다고 자랑하며 자신의 동상을 세워 신처럼 숭배하게 했습니다.

"이 큰 바벨론은 내가 능력과 권세로 건설하여 나의 도성을 삼고 이것으로 내 위엄의 영광을 나타낸 것이 아니냐"(단 4:30)

하나님께서는 교만한 그에게 세상 주관자가 누구인지 깨우쳐 주십니다(단 4:31~32). 결국 그는 왕궁에서 쫓겨나 소처럼 풀을 뜯어 먹고 머리를 풀어헤친 채 광야에서 7년 동안 짐승과 다름없는 생활을 하였습니다. 과연 그에게 왕좌가 무슨 소용이 있겠습니까. 하나님께서 허락지 않으시면 한 가지도 얻을 수 없는 것입니다. 7년 후 정신이 돌아온 느부갓네살은 자신의 교만을 깨닫고 하나님을 인정합니다.

"하늘의 왕을 찬양하며 칭송하며 존경하노니 그의 일이 다 진실하고 그의 행하심이 의로우시므로 무릇 교만하게 행하는 자를 그가 능히 낮추심이니라"(단 4:37)

비단 느부갓네살 왕뿐만 아니라 하나님을 믿지 않는 사람들 중에는 "나 자신을 믿고 산다." 말하는 사람들이 있습니다. 그러나 세상이 그리 호락호락하지는 않지요. 살다 보면 사람의 힘으로 해결할 수 없는 문제들이 참으로 많습니다. 과학 기술이 발달했다고는 하지만 아직도 태풍이나 지진 등 갑작스런 천재지변 앞에서는 속수무책입니다.

또 의학으로 치료할 수 없는 병이 얼마나 많습니까? 그런데도 사람들은 갖가지 문제를 만나면 하나님을 의뢰하기보다 자기 자신을 믿습니다. 자신의 생각, 경험, 지식 등을 의지합니다. 그러다 끝내 해결하지 못하면 하나님을 원망합니다. 교만하기 때문입니다. 교만해서 자신의 부족함과 연약함을 인정하지 못하고 겸손히 하나님을 의뢰하지 못하는 것입니다.

더 안타까운 것은 하나님을 믿는다는 사람들 중에도 여전히 자신과 세상을 더 의지하는 사람들이 있다는 것입니다. 하나님은 돕기 원하시지만 사람 편에서 교만하여 자신을 낮추지 않으면 하나님께서도 간섭하실 수 없습니다. 그러니 원수 마귀 사단의 훼방에서 지킴받을 수도, 형통할 수도 없는 것입니다. "사람의 마음의 교만은 멸망의 선봉이요 겸손은 존귀의 앞잡이니라"(잠 18:12) 한 대로 실패나 멸망을 부르는 것은 다른 그 무엇이 아니라 자신의 교만함이라는 사실입니다.

하나님께서는 교만한 사람을 '어리석다' 하십니다. 하늘을 보좌 삼고 땅을 발등상으로 두시는 광대하신 하나님께 비한다면 인간은 얼마나 작고 미미한 존재입니까? 이러한 하나님 앞에서 인생들은 모두 높고 낮음이 없는 동등한 존재입니다. 또한 아무리 자랑할 것이 많다 해도 이 세상은 잠시잠깐일 뿐입니다. 후에는 반드시 심판이 있고 결국 각 사람이 하나님 앞에 겸손히 행하고 섬긴 만큼 천국에서 높은 사람이 되지요. 야고보서 4장 10절에 "주 앞에서 낮추라 그리하면 주께서 너희를 높이시리라" 하신 대로 주님께서 높이시기 때문입니다.

작은 웅덩이에 고여 있는 물은 썩고 말지만 끊임없이 낮은 곳으로 흐르는 물은 끝을 알 수 없는 대양에 이르러 생명의 보고를 이룹니다. 이처럼 겸손으로 자신을 낮추어 하나님 앞에 지극히 큰 자, 존귀한 사람이 되시기 바랍니다.

사랑의
항목 I

1. 사랑은 오래 참는 것
2. 사랑은 온유한 것
3. 사랑은 투기하지 않는 것
4. 사랑은 자랑하지 않는 것
5. 사랑은 교만하지 않는 것

6. 사랑은 무례히 행치 않는 것

매너(Manner)나 에티켓(Etiquette)이란 말은 사람의 몸가짐과 행동방식, 태도나 예절을 나타내는 말로 널리 통용되고 있습니다. 대화 매너, 테이블 매너, 골프 에티켓, 극장 에티켓 등 우리의 생활 속에는 다양한 예절이 필요합니다. 에티켓이 원만한 대인관계를 위한 사회적 불문율이라면 매너는 에티켓을 얼마나 적절히 표현하는가에 따라 평가된다고 합니다.

사소한 것 같지만 이것은 중요합니다. 바른 몸가짐과, 때와 장소에 맞는 적절한 행동은 보는 이로 하여금 좋은 인상을 심어줍니다. 반대로 몸가짐이 바르지 못하고 기본적인 예의를 무시한다면 주변 사람들에게 불쾌감을 줍니다. 더구나 사랑한다고 말하면서 상대에게 무례하게 행동한다면 어떨까요? 그 말이 진심으로 다가오지 않을 것입니다.

무례하다는 것은 '예의가 없는 것, 예의에서 벗어나는 것'을 뜻합니다. 인사법이나 대화법 등 나라나 시대마다 차이는 있겠지만 사람 사이에 지켜야 할 예절이 있게 마련입니다. 그런데 의외로 많은 사람이 무례히 행하면서도 깨닫지 못하지요. 특히 가까운 사람에게 그런 경향이 있습니다. 허물없이 편하게 대한다는 것이 자칫 예의 없는 행동이 나오거나 무례한 말과 행동으로 피해를 주기도 합니다.

진정 사랑이 있다면 무례히 행하지 않습니다. 만약 자신에게 남다른 의미가 있는 값비싼 보석이 있다면 아무렇게나 취급하겠습니까? 행여 잃어버릴세라 흠집이 날세라 조심조심 귀중히 다룰 것입니다. 하물며 진정 상대를 사랑한다면 얼마나 소중히 대하겠습니까?

무례함은 크게 두 가지로 나누어 볼 수 있습니다. 하나님께 무례한 경우와 사람에게 무례한 경우입니다.

하나님께 무례히 행하는 경우

하나님을 사랑한다는 사람들 중에도 정작 그 말과 행실을 보면 사랑과는 거리가 먼 경우가 있습니다. 하나님 앞에 무례히 행하는 일 중 대표적인 것이 바로 예배 시간에 조는 것입니다. 하나님 앞에 드리는 예배 시간에 조는 것은 하나님 앞에서 졸고 있는 것과 같습니다. 한 나라의 대통령이나 상사 앞에서 조는 것도 무례한 일인데 하물며 하나님 앞에 존다면 하나님을 사랑한다는 것이 진실인지 의심스러울 수밖에 없습니다. 사랑하는 사람을 앞에 두고 졸고 있다면 어떻게 참사랑이라 할 수 있겠습니까?

또 예배 시간에 옆 사람과 대화를 하거나 딴생각을 하는 것도 매우 무례한 일입니다. 이런 행함은 하나님을 경외하는 마음과 성의가 부족하다는 것을 단적으로 말해 주지요. 이는 설교자에게도 마찬가지입니다. 만일 설교 시간에 옆 사람과 대화하거나 잡념과 졸음에 빠져 있다면 설교자는 '말씀이 은혜가 되지 않나?' 염려하여 성령의 감동을 받을 수가 없지요. 결과적으로 자신뿐 아니라 함께 예배드리는 사람들에게도 피해를 주는 것입니다.

예배 도중에 나가는 것도 마찬가지입니다. 물론 예배를 돕는 사명 때문에 나가는 예외적인 경우도 있지만 그런 경우가 아니라면 끝까지 자리에 앉아 예배에 집중해야 합니다. 어떤 사람들은 '설교만 들으면 되지.' 하고 예배가 끝나기도 전에 나가는 경우가 있는데 이 역시 무례한 일이지요.

오늘날의 예배는 구약 시대의 번제에 해당합니다. 번제를 드릴 때에는 하나님께 드릴 제물, 곧 짐승의 각을 떠서 전부 불살랐습니다(레 1:9). 이는 예배를 일정한 형식과 순서에 따라 처음부터 끝까지 온전히 드리는 것을 의미합니다. 묵도나 사도신경으로 시작해서 축도나 주기도문으로 마칠 때까지 모든 순서를 마음 다해 드려야 한다는 것입니다. 찬양이나 기도 시간은 물론 헌금이나 광고 시간에도 집중해서 정성 다해 드려야 합니다. 공식적인 예배 외에 찬양예배, 구역예배 등을 드릴 때에도 항상 동일한 마음으로 정성껏 드려야 하지요.

정성껏 예배드리려면 무엇보다 지각하지 말아야 합니다. 사람들과의 약속시간에 늦는 것도 큰 실례가 되는데 하물며 하나님 앞에 늦는 것은 얼마나 무례한 일입니까? 하나님께서는 우리 예배를 받으시기 위해 항상 먼저 기다리고 계시지요. 그러므로 우리 편에서도 시간에 쫓겨 허둥지둥 오는 것이 아니라 미리 와서 기도로 준비하는 것이 예의입니다. 이 밖에도 술을 마시거나 담배를 피우고 예배드리는 것, 예배 시간에 휴대폰을 사용하는 것, 어린 자녀들이 떠들고 장난하는 것을 방치하는 것도 무례한 것입니다. 예배 시간에 껌을 씹거나 음식을 먹는 것도 그러하지요.

예배에 나올 때 몸가짐도 중요합니다. 집에서 편하게 입던 옷 그대로 아무렇게나 오는 것은 예의가 아닙니다. 복장은 상대에 대한 존경심을 표시하는 하나의 수단입니다. 하나님을 믿는다면 그분이 얼마나 존귀한 분인지 알기 때문에 가장 깨끗하고 단정한 모습으로 나오는 것입니다. 물론 예외의 경우도 있습니다. 수요예배나 금요철야예배 때에는 직장에서 바로 오는 경우가 많지요. 예배 시간에 맞춰 서두르다보면 작업복 차림으로 오기도 합니다. 하나님께서는 이런 경우를 무례하다 하지 않습니다. 바쁜 일과 중에도 어찌하든 예배에 참석하려는 마음을 받으시고 오히려 기뻐하십니다.

하나님께서는 예배와 기도를 통해 사랑의 교제를 나누기 원하십니다. 이는 하나님의 자녀라면 마땅한 의무이며 도리이지요. 특히 기도는 하나님과의 대화입니다. 간혹 상대가 기도하고 있는데 다급한 일로 툭툭 쳐서 기도를 중단시키는 경우가 있습니다. 이는 윗사람과 대화하는데 불쑥 끼어드는 것과 같습니다. 또 기도하던 사람이 누군가 자신을 부른다고 해서 곧바로 멈추는 것도 하나님과의 대화를 일방적으로 끝내버리는 무례함에 해당합니다. 이 경우 마무리 기도까지 마친 후 응수해야 합니다.

예배와 기도를 신령과 진정으로 잘 드리면 하나님께서는 축복과 상급으로 갚아 주십니다. 반면에 번번이 무례를 범한다면 점점 하나님과의 사이에 죄의 담이 생겨납니다. 부부나 부모 자녀 사이에도 사랑이 없는 관계가 지속되면 문제가 생기듯이 하나님과의 관계도 마찬가지입니다. 질병, 사고 등 갖가지 문제를 만나거나, 오랫동안 기도해도 응답받기 어렵습니다. 따라서 예배와 기도의 자세만 바로잡아도 문제를 해결받을 수 있습니다.

성전은 거룩한 하나님의 집

성전은 하나님께서 거하시는 곳입니다. 시편 11편 4절에 "여호와께서 그 성전에 계시니 여호와의 보좌는 하늘에 있음이여" 하신 대로입니다. 구약 시대에 성소는 거룩하게 구별된 공간으로 제사장들만 들어갈 수 있었습니다. 더욱이 성소 안쪽의 지성소는 대제사장만 일 년에 한 차례 들어갈 수 있었지요. 오늘날은 주님의 은혜로 누구나 성전에 들어와 예배할 수 있게 되었습니다. 히브리서 10장 19절에 "우리가 예수의 피를 힘입어 성소에 들어갈 담력을 얻었나니" 한 대로 예수님께서 보혈로 우리 죄를 대속해 주셨기 때문입니다.

성전이란 예배실만 말하는 것이 아닙니다. 성전에 속한 마당과 부속 시설 등 모든 공간을 의미합니다. 그러므로 성전 어디에서든지 말과 행동 하나도 주의해야 합니다. 큰 소리로 다툰다든지, 사업이나 오락 등 세상 이야기를 해서는 안 됩니다. 또한 성물을 함부로 다루어 상하게 하거나 낭비해서도 안 되며, 헌금봉투 하나라도 임의로 사용해서는 안 되지요.

더욱이 성전 안에서 매매해서는 안 됩니다. 요즘은 인터넷과 교통의 발달로 성전 부속 사무실에서 인터넷 결제를 하고 물건을 받으면서도 매매라고 생각하지 않는 경우가 있습니다. 이 역시 명백한 매매입니다. 성전 뜰에서 하나님께 제사하기 위해 짐승을 팔고 환전하는 상인들의 상을 엎으셨던 예수님의 모습을 기억해야 합니다. 제사에 쓰일 제물이라도 용납지 않으셨는데 하물며 개인의 필요를 따라 매매해서는 결코 안 됩니다. 교회 마당에서 바자회를 여는 것도 마찬가지지요.

성전의 모든 장소는 하나님께 예배하고 주 안에서 교제를 나누는 구별된 장소입니다. 교회에 와서 기도를 하고 모임을 갖는 경우 성전의 거룩함에 대해 자칫 무감각해져서는 안 됩니다. "주의 궁정에서 한 날이 다른 곳에서 천 날보다 나은즉 악인의 장막에 거함보다 내 하나님 문지기로 있는 것이 좋사오니"(시 84:10) 고백한 시편 기자처럼 하나님의 성전을 사모한다면 무례히 행할 일도 없을 것입니다.

사람에게 무례히 행하는 경우

성경에는 형제를 사랑하지 못하는 사람은 하나님도 사랑할 수 없다고 말씀합니다. 눈에 보이는 사람에게조차 무례한 사람이 어떻게 눈에 보이지 않는 하나님께 예를 다할 수 있겠습니까?

"누구든지 하나님을 사랑하노라 하고 그 형제를 미워하면 이는 거짓말하는 자니 보는 바 그 형제를 사랑치 아니하는 자가 보지 못하는 바 하나님을 사랑할 수가 없느니라"(요

일 4:20)

　그렇다면 우리가 일상생활에서 지나치기 쉬운 무례한 일에는 어떤 것이 있을까요? 보통 상대의 입장을 고려하지 않고 자신의 유익만을 구하다 보니 무례함이 나옵니다. 사소하지만 전화를 할 때에도 지켜야 할 예의가 있습니다. 밤늦게 전화한다거나 바쁜 사람에게 전화해서 오랫동안 붙들고 있다면 상대에게 피해를 주는 것입니다. 또 약속시간에 늦는 것, 남의 집에 예고 없이 불쑥 찾아가는 것도 무례한 일입니다.

　간혹 '허물없이 지내는 사이인데 그처럼 일일이 따지는 것은 오히려 정감 없지 않나?' 하고 생각할 수도 있습니다. 물론 모든 것을 이해할 만큼 허물없는 사이도 있겠지만 사람의 마음을 백 퍼센트 헤아리기는 어렵습니다. 내 편에서는 친근감의 표현이라 생각할 수 있지만 상대는 다를 수 있지요. 그러므로 늘 상대의 입장에서 생각하기를 힘써야 합니다. 특히 가깝고 편한 사이일수록 무례히 행하지 않도록 주의해야 합니다.

　가까운 사이라 해서 말을 가리지 않고 함부로 하여 상처를 주는 일이 얼마나 많습니까? 가족 또는 절친한 친구에게 무례히 대하다 보면 오히려 남보다 못한 관계가 될 수 있습니다. 또 나이가 어리거나 지위가 낮은 사람이라 해서 무례히 대하는 경우가 있습니다. 쉽게 반말을 하기도 하고, 무시하고 명령하는 태도로 불쾌감을 주기도 합니다.

더구나 오늘날에는 부모나 스승, 연로하신 분 등 마땅히 섬겨야 할 대상에게도 중심에서 섬기는 모습을 찾아보기가 쉽지 않습니다. 혹자는 세대가 변한 것이니 어쩔 수 없다 말하지만 아무리 세월이 흘러도 변하지 않는 것이 있습니다. 레위기 19장 32절에도 "너는 센 머리 앞에 일어서고 노인의 얼굴을 공경하며 네 하나님을 경외하라" 했습니다.

하나님의 뜻은 사람 사이에도 그 도리를 다하는 것이니 세상의 법과 질서도 잘 지켜서 무례히 행하는 일이 없어야 합니다. 공공장소에서 소란을 피우거나 침을 뱉거나 교통 법규를 어긴다면 이는 많은 사람에게 무례한 것이지요. 세상의 빛과 소금의 역할을 감당해야 할 그리스도인이라면 더욱 말과 행실에 주의해야 합니다.

모든 기준이 되는 사랑의 법

대부분의 사람들은 매일같이 누군가를 만나 대화하고 식사하거나 일을 하는 등 많은 시간을 함께합니다. 그만큼 서로 간에 기본적으로 지켜야 할 예절도 많지요. 그런데 사람마다 배움과 지식이 다르고 나라와 민족마다 문화도 다릅니다.

그렇다면 무엇을 기준 삼아 예를 지켜야 할까요?

우리 마음 안에 있는 '사랑의 법'입니다. '사랑의 법'이란 사랑 자체이신 하나님의 법을 말합니다. 하나님 말씀을 양식 삼고 행해 나가는 만큼 그리스도의 교양을 갖춰 무례히 행치 않습니다. 사랑의 법에 담긴 또 한 가지 의미는 바로 '배려'입니다.

깜깜한 밤에 한 사람이 등불을 들고 길을 가고 있었습니다. 마주 오던 행인이 보니 그는 앞을 보지 못하는 사람이었습니다. 그 모습을 이상하게 여긴 행인이 그에게 물었습니다. "당신은 앞을 보지 못하면서 왜 등불을 들고 다닙니까?" 그러자 앞을 보지 못하는 사람이 대답합니다. "당신과 부딪치지 않기 위해서입니다. 이 등불은 당신을 위한 것입니다." 배려가 어떤 것인지 느낄 수 있게 해 줍니다.

사소한 것 같지만 배려는 사람의 마음을 움직이는 위대한 힘이 있습니다. 무례함이란 결국 상대를 배려하지 않는 마음, 사랑이 없는 마음에서 비롯됩니다. 상대를 진정 사랑하면 늘 배려하므로 무례를 범치 않지요. 귤을 재배할 때 너무 많이 솎아 주어 몇 개의 귤이 영양분을 독식하면 껍질도 두꺼워지고 맛도 떨어져 상품가치가 없다고 합니다. 우리 사람도 상대를 배려하지 않고 살면 당장은 편하고 좋을 수 있지만 양분을 과다섭취한 귤처럼 자기 유익만 구하는 독불장군이 되는 것입니다. 따라서 골로새서 3장 23절에 "무슨 일을 하든지 마음을 다하여 주께 하듯 하고 사람에게 하듯 하지 말라" 하셨으니 누구를 대하든지 주님을 대하듯 예를 다해 섬겨야 하겠습니다.

7. 사랑은 자기 유익을 구치 않는 것

현대 사회는 자기의 이익만을 꾀하고 일반의 이익을 염두에 두지 않는 이기주의가 팽배합니다. 갓난아이들이 먹는 분유에 유해성 화학물질을 첨가하는가 하면, 단지 개인의 이익을 위해 국가적으로 중대한 원천 기술을 빼돌려 막대한 손실을 입히기도 합니다. 혹은 "내 뒷마당에는 안 된다(Not in my backyard)."는 님비현상으로 쓰레기 매립장, 시립 화장장 유치 반대 등 지역 이기주의도 큰 사회문제로 대두되고 있습니다. 남이야 어떻게 되든 말든 자신만 잘되면 된다는 식입니다. 이처럼 극단적인 경우가 아니라 해도 일상을 보면 자신의 이익을 먼저 생각하는지 다른 사람의 유익을 먼저 구하는지 알 수 있습니다.

직장 동료나 친구들끼리 간단히 식사하러 가더라도 저마다 특징이 있습니다. 어떤 사람은 매번 자기가 먹고 싶은 것을 주장합니다. 또 어떤 사람은 다른 사람이 원하는 대로 따라 주지만 마음이 기쁘지는 않습니다. 어떤 사람은 늘 상대의 의견을 먼저 묻고 그가 고른 메뉴를 맛있게 먹습니다. 과연 나는 어느 유형에 해당합니까?

또 어느 모임에서 행사를 준비하면서 회의를 합니다. 구성원들 간에 의견이 분분합니다. 자기 의견이 관철될 때까지 다른 사람을 설득하는 사람이 있는가 하면, 자기 의견을 강하게 주장하지는 않지만 상대 의견을 탐탁지 않게 여기는 사람도 있습니다. 반면에 다른 사람의 의견을 귀 기울여 듣고 설령 자기의 의견과 다르더라도 따라 주려고 하는 사람도 있지요. 이런 차이는 각 사람의 마음에 얼마큼 사랑이 있느냐에 따라 달라집니다.

만일 의견 대립이 심해져서 다툼이 생기고 서로 간에 화평이 깨진다면 이는 바로 자기 입장만 고집하며 자기 유익을 구하기 때문입니다. 하나 되고 사랑해야 할 부부간에도 자기 입장만 고집하면 자꾸 부딪치고 이해하지 못할 방향으로 흘러갑니다. 서로 양보하고 상대의 입장을 생각한다면 얼마든지 화평할 수 있는 일도 자기 입장만 고집하기 때문에 화평이 깨지고 마는 것입니다.

우리가 상대를 사랑하면 늘 나보다는 상대를 먼저 생각하게 됩니다. 부모의 사랑을 한번 생각해 보십시오. 부모는 대부분 자신보다 자녀들을 먼저 생각합니다. 그래서 "엄마 아빠를 닮아 예쁘네."라는 말보다 "엄마 아빠보다 훨씬 더 예쁘네."라는 칭찬을 더 좋아한다고 합니다. 또 자신이 좋은 것을 먹는 것보다 자녀가 먹는 것이 더 즐겁습니다. 내가 좋은 옷을 입는 것보다 자녀에게 좋은 옷을 입히기 원하고 자녀가 나보다 더 똑똑하길 바랍니다. 더 인정받고 사랑받길 원하지요. 우리가 모든 사람에게 이런 사랑을 준다면 하나님께서 얼마나 기뻐하시겠습니까?

사랑으로 상대의 유익을 구한 아브라함

내 유익보다 다른 사람의 유익을 구하는 것은 아낌없이 희생할 수 있는 사랑의 마음에서 비롯됩니다. 범사에 내 유익을 구치 않고 상대의 유익을 구한 사람으로는 아브라함을 들 수 있습니다. 아브라함이 고향을 떠나올 때 조카 롯이 함께했는데, 아브라함과 함께함으로 롯도 더불어 복을 받아 가축이 심히 많아졌지요. 어찌나 많았던지 가축에게 먹일 물이 부족하여 롯의 목자들과 아브라함의 목자들이 서로 다투는 일까지 생겼습니다.

아브라함은 화평이 깨지기를 원치 않았기에 롯에게 땅을 택하여 떠날 수 있는 선택권을 양보합니다. 목축업의 가장 중요한 요건이 풀과 물입니다. 가나안 지경은 물과 풀이 넉넉한 곳이 많지 않으니 땅을 양보한다는 것은 생존권을 양보하는 것과 같습니다. 그만큼 아브라함이 롯을 사랑했기에 배려한 것입니다. 이런 삼촌의 마음을 아는지 모르는지 롯은 물이 많고 넉넉한 요단 들을 택해 떠납니다. 자신의 유익을 좇아 떠나는 롯을 볼 때 아브라함의 마음이 불편했을까요? 그렇지 않습니다. 조카가 더 좋은 땅을 가질 수 있어 행복했을 것입니다.

아브라함의 선한 마음을 보신 하나님께서는 그가 가는 곳마다 함께하시며 놀라운 축복을 주셨습니다. 주변 나라 왕들의 예우를 받을 만큼 엄청난 거부가 된 것입니다. 이처럼 하나님의 뜻을 좇아 자신의 유익을 구치 않으며 기쁨으로 상대의 유익을 구하면 반드시 하나님의 축복과 응답이 따릅니다.

사랑하는 누군가를 위해 자신의 것을 준다는 것은 그 어떤 기쁨보다 큽니다. 사랑하는 사람에게 가장 소중한 것을 선물해 본 사람만이 알 수 있는 기쁨입니다. 예수님은 이런 최고의 기쁨을 누리셨습니다. 이 최고의 행복은 온전한 사랑을 이룰 때 소유하게 됩니다. 미운 사람에게 주는 것은 어렵지만 사랑하면 주는 것이 조금도 어렵지 않습니다. 주면서도 행복합니다.

최고의 행복을 누리려면

예수님처럼 최고의 행복을 누릴 수 있는 온전한 사랑을 이루기 위해서는 매사에 나보다 주변을 먼저 생각할 수 있어야 합니다. 나보다 이웃, 나보다 하나님, 주님, 교회가 우선이 되는 것입니다. 가정에서도 나보다 부모, 형제, 남편, 아내, 자녀부터 돌아봐야 하지요. 이러한 사람은 하나님께서 돌보아 주십니다. 우리가 남의 유익을 구할 때 하나님께서 분명 더 좋은 것으로 갚아 주십니다. 하늘나라에는 상급이 쌓이지요. 그래서 '주는 것이 더 복되다' 말씀하신 것입니다(행 20:35).

물론 이 말씀을 오해해서는 안 됩니다. 충성하고 헌신한다며 자기를 돌보지 않고 무리하다가 건강을 해쳐서는 안 되지요. 자신의 분량에 넘치도록 충성하는 마음은 하나님께서 기뻐 받으시지만 때로는 몸도 휴식을 취해야 합니다. 또 개인적으로 기도하고 금식하며 말씀을 무장하는 시간도 가지면서 자신의 영혼을 돌아볼 수 있어야 하지요.

간혹 교회 생활에 치우쳐 가족이나 다른 사람들에게 피해를 주는 경우가 있습니다. 금식하여 힘이 없다는 이유로 직장 업무에 지장을 주거나 교회 일에 충성한다고 가족을 등한시합니다. 교회 생활이 좋다고 가장이 직장을 내팽개치고 교회 일에만 몰두하고, 학생이 본분인 학업을 게을리한 채 주일 학교 모임에만 열심을 내는 것입니다. 이 경우 자신은 놀거나 쉬지 않았기 때문에 자기 유익을 구했다고 생각지 않을 수 있지만 그렇지 않습니다. 아무리 주의 일에 충성했어도 온 집에 충성한 것이 아니기 때문에 하나님의 자녀로서 본분을 다했다 할 수 없습니다. 결국 자기의 유익을 구한 것입니다.

범사에 자신의 유익을 구하지 않으려면 어떻게 해야 할까요? 바로 성령을 의뢰해야 합니다. 성령은 하나님의 마음으로서 우리를 진리로 인도하십니다. 성령의 주관에 따라 하면 무엇을 하든지 하나님의 영광만을 위해 살 수 있습니다.

"그런즉 너희가 먹든지 마시든지 무엇을 하든지 다 하나님의 영광을 위하여 하라"(고전 10:31)

그러기 위해서는 마음에서 악을 버려야 합니다. 거기다 마음에 참사랑을 이루면 각 상황마다 선의 지혜가 풍성히 임하여 하나님의 뜻을 분별할 수 있지요. 이처럼 영혼이 잘되면 범사가 잘되고 강건해져서 마음껏 충성할 수 있습니다. 하나님의 자녀로서 믿지 않는 이웃이나 가족들에게도 사랑받게 되지요.

신혼여행에 다녀온 젊은 부부가 제게 축복기도를 받으러 올 때면 꼭 해 주는 기도가 있습니다. "하나님, 서로 상대의 유익을 구하는 아름다운 부부가 되게 하옵소서." 자기 유익을 구하는 마음이 앞서면 화평한 가정을 이룰 수 없기 때문입니다. 우리가 사랑하는 사람이나 자신에게 도움이 될 만한 사람에게는 얼마든지 상대의 유익을 구해 줄 수 있습니다. 그러나 사사건건 나를 힘들게 하고 자신의 유익만 좇는 사람, 나에게 피해가 되는 사람, 보잘것없는 사람에게는 어떠합니까? 비진리를 행하고 노상 악한 말을 하는 사람에게는 어떠한지요?

그런 경우에는 피해 버리거나 희생하려고 하지 않는다면 내 유익을 구하는 마음이 있다는 증거입니다. 내 생각과 마음에 맞지 않더라도 사랑으로 희생해 주고 베풀어 줄 수 있어야 진정 상대의 유익을 구하는 사람이지요. 어떤 상황에서든 항상 상대의 유익을 먼저 구하고 자기 자신을 돌아보는 사람이 될 때 영적인 사랑을 베푸는 사람이라 할 수 있습니다.

8. 사랑은 성내지 않는 것

　사랑은 사람의 마음을 긍정적으로 만들지만 성내는 것은 사람의 마음을 상하게 하고 부정적으로 만들며, 또 하나님의 사랑 안에 거할 수 없게 합니다. 원수 마귀 사단은 하나님의 자녀들이 성냄으로써 걸려 넘어지게 합니다. 원수 마귀 사단이 하나님의 자녀에게 놓는 대표적인 덫이 바로 미움과 성냄입니다.

　성내는 것은 단지 격렬히 화를 내고 큰소리로 욕하고 폭력을 행사하는 것만이 아닙니다. 얼굴이 굳어지고 안색이 변하는 것, 말투가 퉁명스러워지는 것도 엄밀히 말하면 성내는 것이지요. 정도의 차이는 있지만 마음에 있는 미움, 불편함이 표출된 것입니다. 그렇다고 해서 상대의 표정만 보고 '화가 났구나.' 판단할 수는 없습니다. 사람은 상대의 마음을 정확히 헤아리기 어렵지요.

　예수님께서 성전에서 매매하는 자들을 내쫓으신 일이 있습니다. 유월절을 지내기 위해 예루살렘 성전에 모여든 사람들을 대상으로 상인들은 성전 뜰에 좌판을 펴고 돈을 환전해 주거나 가축을 사고팔았지요. 다투지도 들레지도 않으시고 아무도 길에서 그 소리를 듣지 못할 만큼 온유하신 예수님은 이 광경을 보고 돌변하셨습니다.

노끈으로 채찍을 만들어 제사에 쓰일 가축을 내쫓고 돈 바꾸는 사람들의 상과 비둘기 파는 이들의 의자를 엎으셨지요. 주변 사람들이 볼 때 "예수님이 혈기가 대단하시네? 화를 내신다."고 생각할 수 있지만 예수님께 미움이 있어서 그런 것이 아닙니다. 의분을 내신 것이지요. 비록 좋은 목적이라도 하나님의 성전을 더럽히는 것은 결코 용납될 수 없음을 깨우쳐 주셨습니다. 이는 결국 공의로 사랑을 온전하게 하시는 하나님의 사랑에서 비롯된 것입니다.

의분과 성냄의 차이

마가복음 3장에 보면, 예수님께서 회당에서 한 편 손 마른 사람을 만납니다. 마침 안식일이라 악한 사람들은 예수님의 동정을 엿봅니다. 만일 환자를 고치면 안식일을 어긴 것으로 간주하여 송사하기 위해서입니다. 이때 예수님께서는 그들의 마음을 아시고 묻습니다.

"안식일에 선을 행하는 것과 악을 행하는 것, 생명을 구하는 것과 죽이는 것, 어느 것이 옳으냐"(막 3:4)

속내를 들킨 그들은 대답할 말을 찾지 못했습니다. 그들의 완악한 마음을 아시는 예수님은 노하셨습니다.

"저희 마음의 완악함을 근심하사 노하심으로 저희를 둘러보시고 그 사람에게 이르시되 네 손을 내밀라 하시니 그가 내밀매 그 손이 회복되었더라"(막 3:5)

선만 행하시는 예수님을 정죄하고 죽이려 하는 이들을 향해 예수님은 강하게 책망하십니다. 어찌하든 그들이 깨우쳐 죄에서 돌이키길 원하셨습니다. 때때로 의분을 내신 것도 영혼들을 깨우고 생명으로 인도하기 위한 사랑에서 비롯된 것입니다. 이처럼 성냄과 의분은 전혀 다릅니다. 그만큼 성결되어 죄가 없을 때 의분 또는 책망을 통해서도 영혼에게 생명을 주는 역사가 일어나지요.

반면에 마음에 악이 있으면 선한 결실을 맺을 수 없습니다. 사람들이 성내는 이유로는 몇 가지가 있는데 먼저 자기 생각과 마음에 맞지 않는 경우입니다. 저마다 성장한 환경이나 배움이 다르기 때문에 마음과 생각이 다르고 교양이 다르며 판단 기준이 다른데 모든 사람을 자신에게 맞추려고 하니 감정이 나지요.

남편은 음식을 짜게 먹고 아내는 싱겁게 먹는다고 합시다. 아내 편에서는 얼마든지 남편에게 "짜게 먹으면 건강에 좋지 않으니 싱겁게 잡수세요."라고 할 수 있습니다. 건강을 위해 권면하는 것이지요. 그러나 아무리 좋은 것이라도 상대가 원치 않는다면 무조건 강요할 것이 아니라 서로 조금씩 양보해야 합니다. 이처럼 함께 노력할 때 행복한 가정을 이룰 수 있습니다.

또한 자신에게 순종하지 않을 때 성내는 경우가 있습니다. 자신이 상대보다 앞서거나 나은 위치에 있으면 순종해 주기를 바라지요. 물론 윗사람을 존중해 주고 질서에 따라 순종하는 것은 옳은 일이지만, 순종하기를 강요하는 것은 합당하지 않습니다. 윗사람이 아랫사람의 말은 전혀 들으려 하지 않고 오직 자기 뜻에 따르기를 바라는 경우이지요. 이 외에도 자신이 불이익을 당하거나 부당한 대우를 받았을 때, 아무런 이유 없이 원망을 듣거나 피해를 보았을 때, 자신의 지시나 요구대로 이루어지지 않았을 때, 누군가에게 욕설을 듣거나 모욕을 당했을 때 쉽게 화를 냅니다.

사람들은 성내기 전에 먼저 마음에서 나쁜 감정부터 일어납니다. 상대의 말이나 행동이 먼저 감정을 자극하고 결국 성내는 행동으로 나오는 것입니다. 흔히 '감정이 상한다'는 단계가 바로 성냄의 전초 단계입니다. 우리가 성내면 하나님의 사랑 안에 거할 수 없고, 영적 성장에 막대한 지장을 초래합니다.

감정이 있는 이상 진리로 변화될 수도 없으니 후회할 일을 만들지 않기 위해서도 혈기나 분내는 것을 버려야 합니다. 고린도전서 3장 16절을 보면 "너희가 하나님의 성전인 것과 하나님의 성령이 너희 안에 거하시는 것을 알지 못하느뇨" 하셨습니다. 성령께서 우리의 마음을 성전 삼고 계시며 하나님께서 지켜보신다는 사실을 깨우쳐 내 생각과 맞지 않다고 해서 혈기를 내는 일은 없어야 할 것입니다.

하나님의 의를 이루지 못하는 성냄

북이스라엘의 선지자였던 엘리사의 경우입니다. 그는 스승 엘리야보다 갑절의 영감을 받아 권능을 나타낸 사람입니다. 자녀가 없는 여인에게 잉태의 축복을 주고, 죽은 사람을 살리며 문둥(한센)병을 고치고 기도로 적군을 물리치는 등 놀라운 하나님의 역사를 나타냈지요. 또 수질이 좋지 않은 물에 소금을 넣어 좋은 물로 바꾸기도 했습니다. 그럼에도 불구하고 그는 선지자로서는 드물게 병들어 죽습니다.

왜 그런 것일까요? 그가 벧엘로 올라갈 때였습니다. 한 무리의 아이들이 마을에서 몰려 나와 엘리사를 둘러싸고 조롱합니다. 그가 머리숱이 적고 외모가 볼품없었기 때문입니다.

"대머리여 올라가라 대머리여 올라가라"(왕하 2:23)

한두 명도 아니고 수많은 아이가 몰려와 조롱하는 통에 엘리사는 곤혹스러웠습니다. 타일러도 보고 큰 소리로 꾸짖

어도 보았지만 소용이 없습니다. 그만둘 기미는 보이지 않고 얼마나 집요하게 괴롭히는지 견디기가 힘들었습니다.

벧엘은 분열왕국 시대 북 왕국 이스라엘의 우상숭배 본거지입니다. 그 인근 지역의 아이들이라면 이러한 문화 속에서 마음조차 강퍅했을 것입니다. 길을 막고 서서 침을 뱉기도 하고 욕하며 심지어 돌멩이질을 했을지도 모릅니다. 마침내 견디다 못한 엘리사가 아이들을 저주하였습니다. 그때 근처 수풀에서 암곰 두 마리가 사납게 뛰쳐나와 순식간에 아이들을 물어뜯습니다. 42명이나 되는 아이들이 그 자리에서 죽고 말았지요.

이 사건은 비록 아이들의 심한 조롱에서 기인한 것이긴 하지만, 엘리사에게 온전치 못한 모습이 있었음을 보여 줍니다. 그가 병들어 죽은 일은 이와 무관하지 않습니다. 하나님의 자녀로서 성내는 것이 합당치 않음을 깨우칠 수 있는 사건이지요.

"사람의 성내는 것이 하나님의 의를 이루지 못함이니라"(약 1:20)

성내지 않으려면

성내지 않기 위해서는 어떻게 하면 될까요? 절제를 잘해서 꾹 눌러 참으면 될까요? 스프링은 누를수록 더욱 강한 반동력이 생겨 손을 떼는 순간 튕겨져 오릅니다. 화를 눌러 참는 것도 마찬가지입니다. 단순히 눌러 참는다면 순간의 위기는 모면한다 해도 언젠가는 폭발하게 마련입니다. 따라서 성내지 않으려면 성내게 하는 감정 자체를 버려야 합니다. 억지로 눌러 참는 것이 아니라 아예 참을 것이 없도록 마음을 선과 사랑으로 승화시키는 것입니다.

물론 하루아침에 감정을 버리고 선과 사랑으로 채울 수 있는 것은 아닙니다. 매일매일 꾸준한 노력이 필요합니다. 우선 화가 나는 상황에 직면했을 때 기도로 하나님께 맡기고 참는 훈련을 해야 합니다. 미국 제3대 대통령 토머스 제퍼슨의 서재에는 "화가 나면 열까지 세고 매우 화가 나면 백까지 세라."는 글이 붙어 있었다고 합니다. 우리나라에서도 "참을 인(忍)이 셋이면 살인도 면한다."는 말이 있습니다.

화가 날 때에는 시간을 갖고 '지금 이 순간 성내는 것이 무슨 유익을 주는가?' 찬찬히 생각해 보시기 바랍니다. 그러면 한순간 참지 못하여 후회할 일이나 부끄럼을 당할 일이 생기지 않으니 얼마나 좋습니까? 기도하며 성령의 도움으로 인내하다 보면 나중에는 성나게 하는 감정까지 차츰 버려집니다. 예전에는 열 번 화내던 것이 아홉 번, 여덟 번, 점점 줄어듭니다. 나중에는 아무리 화가 날 상황이 되어도 마음이 평온하지요. 그러면 얼마나 행복할까요?

　"미련한 자는 분노를 당장에 나타내거니와 슬기로운 자는 수욕을 참느니라"(잠 12:16)

　"노하기를 더디하는 것이 사람의 슬기요 허물을 용서하는 것이 자기의 영광이니라"(잠 19:11)

　영어로 '화, 성냄'(anger)은 '위험'(danger)과 철자 하나 차이입니다. 성내는 것이 얼마나 위험한지를 말해 줍니다. 그러니 참는 자가 이기는 자이며 승리하는 자입니다. 어떤 사람은 교회에서는 화나는 일이 있어도 잘 참다가 가정이나 학교, 직장에서는 곧잘 화를 냅니다. 하나님은 교회에만 계신 분이 아닙니다. 우리의 앉고 일어서는 것, 말 한마디, 생각까지 아시고 모든 것을 감찰하십니다. 언제 어디서나 보고 계시며 우리 안에 성전 삼고 계시므로 늘 하나님 앞에 서 있는 것처럼 생활해야 합니다.

　어느 부부가 말다툼을 하다가 화가 난 남편이 아내에게 그만 떠들라고 소리를 질렀습니다. 충격을 받은 아내는 그후 죽을 때까지 말을 하지 않았다고 합니다. 참지 못해 성을 냈던 남편이나 아내 모두 얼마나 고통당했겠습니까. 이처럼 성냄은 많은 사람을 고통스럽게 하므로 나쁜 감정이 일어나지 않도록 끊임없이 노력해야 합니다.

 ## 9. 사랑은 악한 것을 생각하지 않는 것

목회를 하다 보면 많은 사람을 만납니다. 그중에는 하나님을 떠올리기만 해도 그 사랑의 감동이 파도처럼 밀려오고 눈물이 넘치는 사람이 있는가 하면, 하나님을 믿고 사랑하는데 "왜 나에게는 하나님의 사랑이 진하게 느껴지지 않을까?" 하며 고민하는 분들도 있습니다.

하나님을 향한 감동의 정도는 자신이 '얼마나 죄와 악을 버리고 변화되고 있는가'의 여부에 달려 있습니다. 우리가 하나님 말씀대로 행하며 마음에서 악을 버려 나가는 만큼 신앙이 정체되지 않고 깊은 하나님의 사랑을 느낄 수 있습니다. 믿음의 경주를 하다 보면 때때로 어려움을 만나기도 합니다. 그럴 때 변함없이 우리를 기다리시는 하나님의 사랑을 기억해야 합니다. 그 사랑을 아는 사람이라면 부러 악한 것을 생각하려 하지 않을 것입니다.

악한 것을 생각하는 경우

풀러 신학교 심리학 대학원 명예교수 아치볼드 하트 박사가 '삶의 숨겨진 중독의 이해'라는 강의에서 이렇게 말했습니다. "현재 미국은 4명의 청년 중 1명이 심각한 우울증에 빠져 있다", "우울증, 마약, 성, 인터넷, 음주, 흡연 중독은 현재 젊은이들의 삶을 망치고 있다."

또한 "중독은 뇌의 한 부분인 쾌감센터를 차단하고 다른 곳에서 만족을 얻고자 하는 것"이라며 "일반적인 만족을 할 수 없을 뿐 아니라 하나님과의 교제 가운데 얻는 은혜와 기쁨도 느끼지 못하기 때문에 심각한 병에 걸린 상태"라고 덧붙였습니다. 중독은 "하나님께서 주시는 은혜와 기쁨 이 외에 다른 것으로 만족하려는 것으로 하나님을 무시한 결과로 나타나는 현상"입니다. 곧 하나님이 기뻐하시지 않는 생각 곧 온종일 악한 것을 생각하는 상태를 가리켜 중독이라 합니다.

그러면 악한 것이란 무엇일까요? 하나님 말씀에 비춰 볼 때 하나님 뜻이 아닌 모든 것을 가리킵니다. 악한 것을 생각하는 것은 크게 세 가지로 구분할 수 있습니다.

첫째로, 상대가 잘못되기를 바라는 생각입니다.

예를 들어, 누군가와 말다툼을 했습니다. 상대가 미운 나머지 '가다가 콱 걸려 넘어지면 좋겠다.' 하는 생각이 듭니다. 또 사이가 나쁘던 이웃에게 안 좋은 일이 일어났다면 은근히 '잘됐다.', '참 고소하다.', '그럴 줄 알았어.' 생각하기도 합니다. 혹은 나보다 공부를 잘하는 아이가 내심 '시험을 못 봤으면' 바랍니다.

마음에 사랑이 있으면 결코 이런 악한 생각을 하지 않습니다. 사랑하는 사람이 아프거나 사고가 나기를 바라는 사람이 있겠습니까? 내 아내, 내 남편, 내 자녀가 항상 건강하고 안전하기를 원하지요. 사랑이 없기 때문에 잘못되기를 바라고 상대의 불행을 기뻐하는 것입니다.

사랑이 없으면 상대의 허물이나 약점을 알려 하고 그것을 전하려고 합니다. 만약 자신이 속한 단체나 모임에서 누군가 다른 사람에 대해 안 좋은 이야기를 할 때 귀가 솔깃해진다면 자신의 마음을 점검해 보아야 합니다. 자신의 부모를 험담하는 소리를 듣고 가만히 있을 사람이 있겠습니까? 당장 그만두라고 나무랄 것입니다.

물론 상대가 그릇된 길로 가는 것을 막고 도움의 손길을 내밀기 위해 알아야 할 경우도 있습니다. 이 경우가 아닌데도 귀가 솔깃해진다면 대개 험담하고 수군수군하는 것을 좋아하기 때문입니다.

"허물을 덮어 주는 자는 사랑을 구하는 자요 그것을 거듭 말하는 자는 친한 벗을 이간하는 자니라"(잠 17:9)

선하고 사랑이 있는 사람은 남의 허물을 덮어 주려고 합니다. 또 마음에 영적인 사랑이 있으면 남이 잘될 때에 시기, 질투하지도 않으며 상대가 잘되고 사랑받기를 바랍니다. 나아가 예수님께서는 원수까지도 사랑하라 하셨고, 로마서 12장 14절에는 "너희를 핍박하는 자를 축복하라" 하셨습니다.

둘째로, 상대를 판단하고 정죄하는 생각입니다.

어떤 성도가 크리스천으로서 가서는 안 될 곳에 들어가는 것을 보았다고 합시다. 과연 어떤 생각이 먼저 떠오르겠습니까? 마음에 악이 있는 만큼 '어떻게 저럴 수 있지?' 하고 안 좋게 생각합니다. 좀 더 선하다면 '왜 저런 곳에 갈까?' 의아해하다가 '뭔가 사정이 있겠지.' 하고 생각을 좋은 쪽으로 바꾸려 합니다.

그러나 영적인 사랑이 있으면 처음부터 악한 생각 자체가 들지 않습니다. 설령 상대에 대해 좋지 않은 말을 전해 듣는다 해도 사실을 확인할 때까지 섣불리 판단, 정죄하지 않지요. 대부분의 부모들이 자기 자녀에 대해 나쁜 말을 전해들으면 어떻게 반응합니까? "우리 아이가 그럴 리 없다."며 쉽게 받아들이지 않습니다. 말을 전한 사람을 되레 나쁘다고 생각합니다. 사랑하는 사람에 대해서는 어찌하든 좋게 생각하는 것입니다.

오늘날은 너무나 쉽게 다른 사람을 나쁘게 생각하고 헐뜯고 비방합니다. 사적인 관계에서뿐만 아니라 공적인 자리에 있는 사람들까지 판단 정죄하지요. 심지어 상대의 형편이나 처지, 전후 사정을 살피려 하지도 않은 채 근거 없는 소문을 퍼뜨립니다. 인터넷에 유포된 루머는 악성 댓글로 이어지고 이로 인해 자살에 이르는 사람들이 늘고 있어 사회적인 문제로 떠오르는 것이 현실입니다. 하나님의 말씀이 아닌 자신의 기준으로 상대를 판단하고 정죄하는 것입니다. 그러나 선하신 하나님의 뜻은 무엇입니까?

"입법자와 재판자는 오직 하나이시니 능히 구원하기도 하시며 멸하기도 하시느니라 너는 누구관대 이웃을 판단하느냐"(약 4:12)

오직 하나님만이 판단하실 수 있다는 것입니다. 곧 이웃을 판단하는 것은 악이라 말씀하지요. 상대가 명백히 잘못한 경우라도 영적인 사랑을 추구하는 사람에게는 '상대가 옳다, 그르다' 시시비비를 가리는 것이 중요하지 않습니다. '과연 그에게 유익한 길이 무엇인가?'를 생각하지요. 어찌하든 그의 영혼이 변화되어 하나님께 사랑받기를 간절히 바랍니다.

나아가 온전한 사랑은 허물을 덮어주고 용서할 뿐 아니라 상대가 회개할 수 있도록 돕는 것입니다. 바른 길로 가도록 진리를 알려 주고 변화되도록 마음에 감동을 줄 수 있어야 합니다. 마음에 영적인 사랑을 온전히 이루면 상대를 선하게 보려고 노력할 필요가 없습니다. 허물 많고 부족한 사람이라도 사랑하기 때문에 어찌하든 믿어주고 도움을 주기 원하지요. 이처럼 판단 정죄하는 생각 자체가 없으면 누구를 만나든지 행복합니다.

셋째로, 하나님 뜻에 위배되는 모든 생각입니다.

단순히 상대방에 대해 악한 생각을 품는 것뿐 아니라 하나님의 뜻에 위배되는 것은 무엇이나 악한 생각입니다. 사람들은 일반적으로 도덕적이고 양심적인 사람을 선하다고 합니다. 그러나 도덕이나 양심은 선의 절대적인 기준이 아닙니다. 심지어 하나님의 뜻과 반대되는 것도 있습니다. 오직 하나님 말씀만이 선의 절대적인 기준입니다. 주님을 처음 영접한 사람은 자신이 죄인임을 고백합니다. 아무리 선하게 살았다고 자부하던 사람도 하나님 말씀에 비추어보면 "나는 죄인입니다. 나는 악한 사람입니다." 고백할 수밖에 없습니다. 선의 절대적인 기준인 하나님 말씀에 어긋난 것은 다 악이며 죄이기 때문입니다(요일 3:4).

그러면 죄와 악의 차이는 무엇일까요? 크게 보면 죄와 악은 모두 진리인 하나님 말씀과 반대되는 비진리입니다. 빛이신 하나님과 반대인 어둠입니다. 좀 더 가까이서 바라본다면 죄와 악은 분명한 구분점이 있습니다.

이 둘을 나무에 비유한다면, '악'은 보이지 않는 땅속의 뿌리와 같습니다. '죄'는 눈에 보이는 줄기와 잎, 열매입니다. 뿌리가 없으면 나무의 줄기와 잎, 열매가 있을 수 없듯이 죄는 악에서 나오는 산물입니다. 즉 악은 땅속 깊숙이 자리잡은 뿌리와 같이 하나님의 선, 사랑, 진리와 반대되는 마음 안의 '속성'입니다. 이 악이 구체적인 모양으로 나타나는 것이 바로 죄입니다.

"선한 사람은 마음의 쌓은 선에서 선을 내고 악한 자는 그 쌓은 악에서 악을 내나니 이는 마음의 가득한 것을 입으로 말함이니라"(눅 6:45)

만약 어떤 사람이 욕을 하거나 가시 돋친 말과 폭력을 행사했다고 합시다. 이는 마음에 있는 미움이라는 악이 '욕'이나 '가시 돋친 말', '폭력'이라는 구체적인 행함, 곧 죄로 나온 것입니다. 여기서 죄는 하나님 말씀, 곧 '계명'이라는 기준에 의해 성립되고 구체화됩니다. 만약 나라의 법이 없다면 잘못을 저질러도 범죄자라 할 수 없습니다. 판단할 기준이 없기 때문입니다. 마찬가지로 죄는 하나님 말씀이 기준이 되어 드러나며,

미움, 시기, 질투, 간음 등의 육신의 일과 다툼, 혈기, 도적질, 살인 등 육체의 일로 조목조목 분류됩니다. 사회에서도 죄의 무게에 따라 경범죄와 중죄로 나뉘고, 대상에 따라 국가에 대한 죄, 사회 공공에 대한 죄, 개인에 대한 죄로 분류되는 것과 같습니다.

마음에 악이 있다고 해서 반드시 죄를 짓는 것은 아닙니다. 교양이 있거나 하나님 말씀을 듣고 어느 정도 절제할 수 있다면 마음에 악이 있어도 죄를 짓지 않지요. 이 경우 크게 죄를 짓지 않으니 자칫 '나는 성결을 이루었다' 하고 안주할 수 있습니다. 그러나 마음 깊은 곳에 자리잡고 있는 본성 속의 악까지 다 버려야 성결을 이룰 수 있습니다. 본성에는 저마다 부모의 기를 통해 받은 악이 있지만 잘 드러나지 않다가 극한 상황에 부딪히면 드러나게 됩니다.

"사흘 굶어서 남의 집 담장 안 넘을 사람 없다."는 속담처럼 온전히 성결을 이루기 전에는 극한 상황에 몰리면 평소 자신도 모르는 악이 드러나는 것입니다. 파리 똥이 아무리 작아도 똥인 것처럼 설령 죄를 짓지 않는다 해도 흠도 티도 없으신 온전한 하나님에 비할 때 온전하지 않은 것이 다 악의 모양입니다. 그래서 데살로니가전서 5장 22절에 "악은 모든 모양이라도 버리라" 하신 것입니다.

하나님은 사랑이십니다. 하나님의 계명도 간단하게 압축하면 바로 '사랑'이지요. 결국 사랑하지 않는 것이 악이며 죄입니다. 내가 얼마큼 사랑을 이뤘는지 알려면 악한 것을 생각하지 않는지 점검해 보아야 합니다. 하나님과 영혼들을 사랑하는 만큼 악한 것을 생각하지 않는 것입니다.

"그의 계명은 이것이니 곧 그 아들 예수 그리스도의 이름을 믿고 그가 우리에게 주신 계명대로 서로 사랑할 것이니라"(요일 3:23)

"사랑은 이웃에게 악을 행치 아니하나니 그러므로 사랑은 율법의 완성이니라"(롬 13:10)

악한 것을 생각하지 않으려면

무엇보다 악한 것은 보지도 듣지도 말아야 합니다. 설령 보거나 들어도 떠올리거나 되새기려 하지 말고 기억하지 않으려고 노력해야 합니다. 물론 자신의 생각이 마음먹은 대로 통제되지 않을 때도 있습니다. 생각하지 않으려 하면 더 집요하게 떠오를 때도 있지만 악한 것을 생각하지 않기 위해 부단히 노력하면서 기도하면 성령께서 도와주시지요. 일부러 보고 듣고 떠올리는 일은 당연히 없어야 하며 순간적으로 스치는 생각까지도 버려야 합니다.

또한 악한 일에 결코 가담해서는 안 됩니다. 요한이서 10~11절에 보면 "누구든지 이 교훈(그리스도의 교훈)을 가지지 않고 너희에게 나아가거든 그를 집에 들이지도 말고 인사도 말라 그에게 인사하는 자는 그 악한 일에 참예하는 자임이니라" 했습니다. 철저히 악을 경계하고 용납하지 말라고 당부하시는 것이지요.

사람은 타고난 죄성과 성장하면서 보고 들은 비진리를 바탕으로 자기를 만들어 나갑니다. 주님을 영접한 후 이 죄성과 비진리를 버려 나가는 것이 바로 신앙생활입니다. 죄성과 비진리를 버리는 데에는 많은 인내와 노력이 필요합니다. 살면서 진리보다 비진리가 더 익숙하고, 비진리를 받아들이는 것은 쉽지만 버리기는 상대적으로 어렵기 때문입니다. 예를 들어, 흰옷에 검은 잉크를 떨어뜨리면 쉽게 스며들고 번지지만 다시 희게 하기는 어렵지요.

또 매우 작아 보이는 악도 큰 악으로 발전하기가 쉽습니다. "적은 누룩이 온 덩이에 퍼지느니라"(갈 5:9) 한 것처럼 주변 사람들에게 급속도로 퍼져 나갑니다. 따라서 작은 악이라도 경계하고 또 경계해야 합니다. 악의 모양이라도 버리기 위해서는 무조건 악을 미워해야 합니다.

"여호와를 사랑하는 너희여 악을 미워하라"(시 97:10)

"여호와를 경외하는 것은 악을 미워하는 것이라"(잠 8:13)

누군가를 뜨겁게 사랑하면 그가 좋아하는 것은 좋아지고 싫어하는 것은 싫어집니다. 왜 좋고 싫은지 이유가 없습니다. 무조건입니다. 마찬가지로 성령받은 하나님의 자녀들은 죄를 지으면 성령이 탄식하시니 곤고합니다. 그러면 '하나님께서 싫어하시는구나.' 깨닫고 죄를 짓지 않으려 노력하지요. 이렇게 악을 미워하여 버려나갈 뿐만 아니라 더 이상 받아들이지 않으려는 노력이 무엇보다 중요합니다.

말씀과 기도를 공급해 주어야

악은 무익합니다. 악을 심으면 재앙을 거둘 뿐입니다(잠 22:8). 자신뿐만 아니라 사랑하는 자녀에게 질병이 오거나 사고를 겪는 일, 가난과 가정불화로 근심 속에 살아가는 등 이런저런 문제들도 결국 자신이 심은 악 때문에 오는 것입니다.

"사람이 무엇으로 심든지 그대로 거두리라"(갈 6:7)

물론 재앙이 당장 드러나지 않을 수도 있습니다. 이런 경우에는 쌓은 악이 일정 수준에 다다랐을 때 그 자손에게 임하기도 하지요. 많은 사람이 이런 법칙을 모르기 때문에 크든 작든 악을 행하기를 주저하지 않습니다. 예를 들어, 내게 피해를 준 사람에게 보복하는 것을 당연하게 여깁니다. 그러나 하나님께서는 "너는 악을 갚겠다 말하지 말고 여호와를 기다리라 그가 너를 구원하시리라"(잠 20:22) 하며 언제라도 선을 행하길 원하십니다.

하나님께서는 공의에 따라 인간의 생사화복과 역사를 주관하십니다. 그렇기 때문에 하나님 말씀대로 선을 행하면 반드시 선한 열매를 거두게 되지요. 출애굽기 20장 6절에 "나를 사랑하고 내 계명을 지키는 자에게는 천 대까지 은혜를 베푸느니라" 약속하신 대로입니다.

우리가 악으로부터 자신을 지키기 위해서는 악을 미워하면서 자신의 영혼에 두 가지를 항상 공급해 주어야 합니다. 바로 '말씀'과 '기도'입니다. 하나님 말씀을 주야로 묵상해야 악한 생각을 물리치고 선한 생각, 영의 생각을 할 수 있습니다. 어떻게 행하는 것이 진정한 사랑인지 구체적인 방법론을 얻을 수 있지요.

또한 기도하면서 말씀을 더 깊이 묵상하고 곱씹어볼 때 미처 깨닫지 못하던 자신의 생각과 말과 행실 속의 악을 발견할 수 있습니다. 성령의 충만함을 입어 불같이 기도할 때에 마음의 악을 버릴 수 있지요. 이처럼 말씀과 기도로 신속히 악을 버림으로 행복으로 가득한 삶을 영위하시기 바랍니다.

10. 사랑은 불의를 기뻐하지 않는 것

　선진 국가일수록 정직한 사람이 성공할 확률이 높습니다. 반면 후진국일수록 부정부패와 불의가 만연하다고 합니다. 웬만한 것은 돈으로 해결되지 않는 일이 없다는 것입니다. 불의는 국가 전체의 흥망성쇠와 밀접한 관련이 있어서 '나라를 죽음에 이르게 하는 병'이라고도 합니다. 개개인의 삶에도 불의는 막대한 영향을 미칩니다. 자기만 잘살면 된다는 이기적인 마음에는 참된 만족이 없고, 누군가를 사랑할 수도 없습니다.

　'불의를 기뻐하지 않는 것'은 사랑의 속성 중 '악한 것을 생각하지 않는 것'과 비슷하지만 차이가 있습니다. '악한 것을 생각지 않는다'는 것이 마음에 악은 모양도 품지 않는 것이라면 '불의를 기뻐하지 않는 것'은 행위로 드러나는 불미스런 일들을 기뻐하지 않으며, 거기에 가담하지 않는 것입니다.

　쉽게 말해 잘사는 친구를 보면 시기, 질투가 납니다. 괜히 뽐내는 것 같고 미운 마음이 듭니다. '친구는 잘사는데 나는 이게 뭔가?', '그가 망했으면 좋겠다.' 하는 생각도 스칩니다. 이것이 악한 생각입니다. 그런데 잘나가던 친구가 사기를 당해 하루아침에 회사가 부도나고 말았습니다. 순간 '잘산다고 뽐내더니 고소하다.'며 즐거워합니다. 이는 불의를 기뻐하는 것입니다. 나아가 악한 일에 동조하고 가담했다면 적극적으로 불의를 기뻐한 것이지요.

누가 보아도 잘못이라고 느끼는 일반적인 불의가 있습니다. 예를 들어, 정직하게 땀 흘려 재산을 모으는 것이 아니라 남을 속이거나 힘으로 위협하는 등 옳지 않는 방법으로 부를 축적해 나갑니다. 법과 정당한 절차를 어기면서까지 자신의 이익을 쌓아나가는 경우입니다. 누구보다 정직해야 할 판사가 뇌물을 받고 부당한 판결을 내려 죄 없는 사람이 억울한 처벌을 받았다면 이는 누가 보아도 불의입니다. 자신이 가진 권세를 악용한 것입니다.

또 장사를 할 때 양을 속여 팔거나 값싸고 질 나쁜 원료를 써서 부당한 이득을 챙깁니다. 남들이야 어떻게 되건 말건 눈앞에 이익만 챙기면 그만이라는 생각입니다. 무엇이 옳은지 알면서도 버젓이 속이지요. 주변을 보면 불의한 재물을 얻으려고 속이는 일이 얼마나 많습니까? 그러면 나 자신은 깨끗하다 할 수 있을까요?

한번 가정해 보십시오. 여러분이 높은 공직에 있는데 하루는 절친한 친구가 부당한 방법으로 큰돈을 버는 것을 알았습니다. 적발되면 크게 처벌받을 일입니다. 그런데 그 친구가 적지 않은 돈을 건네며 얼마 동안만 눈감아 달라고 사정합니다. 이번 일만 잘되면 앞으로 더 많은 사례를 하겠다면서 말입니다. 마침 여러분의 집안에 큰 일이 생겨 당장 목돈이 필요한 어려운 상황입니다. 이럴 때 과연 어떻게 하시겠습니까?

또 다른 가정을 해 보겠습니다. 어느 날 통장을 확인해 보니 생각했던 것보다 잔고가 많습니다. 알고 보니 담당 기관의 착오로 세금이 빠져 나가지 않은 것입니다. 이 경우 어떻게 하시겠습니까? '잘됐다. 어차피 그들의 책임이지 내 책임은 아니니까.' 하고 기뻐하시겠습니까?

역대하 19장 7절에 "너희는 여호와를 두려워하는 마음으로 삼가 행하라 우리의 하나님 여호와께서는 불의함도 없으시고 편벽됨도 없으시고 뇌물을 받으심도 없으시니라" 말씀합니다. 하나님은 의로우시며 불의가 전혀 없습니다. 또 사람의 눈은 가릴 수 있어도 하나님을 속일 수는 없으니 하나님을 두려워하는 마음으로라도 정직하고 성실하게 살아야 합니다.

아브라함을 보십시오. 그는 소돔 성에 살던 조카가 전쟁에 휘말려 포로로 잡혀갔을 때 조카뿐만 아니라 소돔 성 사람들과 그들의 재산까지 되찾아 주었습니다. 소돔 왕의 입장에서는 얼마나 큰 은인입니까? 왕은 고마운 마음에 되찾은 재물을 아브라함에게 주어 은혜를 갚으려고 하지만, 아브라함은 한사코 거절합니다.

"천지의 주재시요 지극히 높으신 하나님 여호와께 내가 손을 들어 맹세하노니 … 네게 속한 것은 무론 한 실이나 신들메라도 내가 취하지 아니하리라"(창 14:22~23)

또 아내 사라가 죽었을 때에는 땅 주인이 매장지를 거저 주겠다는데도 받지 않고 정당한 값을 지불합니다. 후대에 생길 수 있는 분쟁을 막기 위해서입니다. 이는 그가 정직하여 불로소득이나 불의의 재물을 얻으려는 마음이 없었기 때문입니다.

만일 재물에 눈이 어두웠다면 앞일을 생각지 않고 당장 눈앞의 유익을 따라 갔을 것입니다. 하나님을 사랑하고 그분의 사랑받는 사람은 결코 남에게 해를 끼치거나 법을 어기면서까지 자기 유익을 구하지 않습니다. 정당한 수고의 대가 외에는 바라지 않지요. 불의를 기뻐하는 사람은 그만큼 하나님에 대한 사랑도 이웃에 대한 사랑도 없는 것입니다.

하나님 보실 때 불의한 경우

주 안에서의 불의는 일반적인 의미와는 조금 다릅니다. 법을 어기거나 남에게 피해를 주는 일뿐 아니라 하나님 말씀에 어긋나는 온갖 죄가 다 불의입니다. 불의는 마음의 악이 구체적인 형태로 나온 죄이며 죄 중에서도 특히 육체의 일에 해당합니다. 즉 마음에 있는 미움, 시기, 질투와 같은 악이 다툼, 폭행, 사기, 살인 등 구체적인 행동으로 나온 것입니다. 성경은 불의한 사람은 구원받기도 어렵다 말씀합니다.

"불의한 자가 하나님의 나라를 유업으로 받지 못할 줄을 알지 못하느냐 미혹을 받지 말라 음란하는 자나 우상 숭배하는 자나 간음하는 자나 탐색하는 자나 남색하는 자나 도적이나 탐람하는 자나 술 취하는 자나 후욕하는 자나 토색하는 자들은 하나님의 나라를 유업으로 받지 못하리라"(고전 6:9~10)

불의를 사랑하여 결국 멸망으로 간 사람 중에는 아간이 있습니다. 그는 출애굽 2세대로 어려서부터 하나님이 자기 민족에게 행하신 일들을 보고 자랐습니다. 낮에는 구름기둥으로, 밤에는 불기둥으로 인도하신 것을 기억합니다. 물이 불어 넘실거리는 요단 강물의 흐름이 멎고 견고한 여리고 성이 순식간에 무너져내리는 것도 보았습니다. 당시 이스라엘 지도자인 여호수아가 여리고 성에서 나오는 물건에는 일절 손대지 말라고 한 것도 하나님께 드릴 예물이기 때문임을 아간은 잘 알았습니다.

그런데 여리고 성에서 나온 물건을 보는 순간, 그만 욕심에 이성을 잃고 말았습니다. 오랜 광야 생활 끝에 흙먼지와 단조로움에 익숙했던 그에게 성의 물품들은 그야말로 눈이 번쩍 뜨일 만큼 좋아 보였습니다. 아름다운 외투와 번쩍이는 금덩이와 은을 보자 하나님 말씀도 여호수아의 당부도 잊은 채 은밀히 감추어 두었지요.

결국 하나님 말씀을 어긴 아간의 범죄로 이스라엘은 다음 전투에서 패하고 말았습니다. 이 일로 아간의 불의가 드러났고 그와 그의 온 가족은 돌에 맞아 죽습니다. 이 돌무더기가 쌓인 곳이 저주의 상징인 아골 골짜기입니다.

또한 민수기 22~24장을 보십시오. 발람은 하나님과 교통할 수 있는 사람이었습니다. 하루는 모압 왕 발락이 발람에게 하나님이 함께하시는 이스라엘 백성을 저주해 달라고 합니다. 그러자 하나님께서는 발람에게 "너는 그들과 함께 가지도 말고 그 백성을 저주하지도 말라 그들은 복을 받은 자니라"(민 22:12) 하셨습니다.

하나님 말씀을 들은 발람은 처음에는 모압 왕의 요청을 거절합니다. 그런데 왕이 금은 보화를 잔뜩 보내니 마음이 흔들렸습니다. 결국 재물에 눈이 어두워 이스라엘 백성을 함정에 빠뜨릴 방법을 왕에게 가르쳐 주고 말았습니다. 그 결과가 어떠합니까? 이스라엘 백성은 우상의 제물을 먹고 행음함으로 큰 재앙을 당하였고 발람은 후일 칼에 맞아 죽임당했습니다. 불의의 삶을 사랑한 결과입니다.

하나님 안에서 불의는 구원과 직결된 것입니다. 하나님의 자녀가 믿지 않는 사람과 다를 바 없이 불의를 행한다면 어떻게 해야 합니까? 당연히 애통해야 합니다. 사랑으로 기도해 주고 말씀대로 살도록 도와야지요. 그런데 '나도 적당히, 좀 편하게 신앙생활 하고 싶다.'고 불의한 사람을 부러워하는 경우도 있습니다. 나아가 불의한 일에 동조하고 가담한다면 주님을 사랑한다고 할 수 없지요.

아무런 죄 없으신 예수님은 불의했던 우리를 하나님 앞으로 인도하려고 대신 십자가에 달려 죽으셨습니다(벧전 3:18). 이런 큰 사랑을 깨닫는다면 결코 불의를 기뻐해서는 안 됩니다. 불의를 기뻐하지 않는 사람은 단순히 불의를 행하지 않는 차원에 그치지 않고 하나님 말씀대로 살아갑니다. 그럴 때 주님의 친구가 되어 늘 형통한 삶을 누릴 수 있습니다(요 15:14).

11. 사랑은 진리와 함께 기뻐하는 것

예수님의 열두 제자 중 하나였던 사도 요한은 마지막까지 순교하지 않고 남아 예수 그리스도 복음의 비밀과 하나님의 뜻을 많은 사람에게 전했습니다. 말년에 그의 큰 즐거움 중에 하나는 바로 성도들이 하나님 말씀, 곧 진리 말씀대로 살기 위해 힘쓴다는 소식이었습니다.

"형제들이 와서 네게 있는 진리를 증거하되 네가 진리 안에서 행한다 하니 내가 심히 기뻐하노라 내가 내 자녀들이 진리 안에서 행한다 함을 듣는 것보다 더 즐거움이 없도다"(요삼 1:3~4)

이보다 더한 즐거움이 없다는 고백에서 그 기쁨의 정도를 확인할 수 있습니다. 우레의 아들이라 불릴 만큼 혈기왕성했던 그가 변화된 뒤 사랑의 사도라 불렸던 이유를 알 수 있는 대목입니다.

우리가 하나님을 사랑하면 불의를 행치 않을 뿐 아니라 진리를 행하게 됩니다. 나아가 진리와 함께 기뻐합니다. 사랑은 진리와 함께 기뻐하는 적극적인 표현입니다. 진리는 예수 그리스도를 가리키며 나아가 복음을 뜻하고, 성경 66권 하나님 말씀을 의미합니다. 하나님을 사랑하고 하나님의 사랑받는 사람이라면 예수 그리스도와 함께 기뻐하며 복음의 역사를 기뻐할 수밖에 없습니다. 하나님 나라가 확장되는 것을 기뻐하는 것이지요. 그러면 구체적으로 진리와 함께 기뻐한다는 것은 무슨 뜻일까요?

첫째로, '복음'을 기뻐하는 것입니다.

복음이란, 우리가 예수 그리스도를 통해 구원받아 천국에 간다는 복된 소식입니다. 동서고금을 막론하고 많은 사람이 진리를 갈구합니다. '삶의 목적은 무엇인가? 가치 있는 삶은 어디에 있는가?'라는 인생의 해답을 얻기 위해 사상과 철학을 탐구하고 갖가지 종교 교리에서 진리를 얻으려고 하지요. 그러나 진리는 예수님 자체이시며, 누구도 예수님을 거치지 않고서는 천국에 갈 수 없습니다.

"내가 곧 길이요 진리요 생명이니 나로 말미암지 않고는 아버지께로 올 자가 없느니라"(요 14:6)

우리는 예수 그리스도를 영접함으로 구원받고 영생을 얻었습니다. 주님의 보혈로 죄 사함 받아 지옥에 가지 않고 천국에 가는 것입니다. 삶의 목적을 알아 가치 있는 삶을 살게 되었으니 복음을 기뻐하는 것은 지극히 당연합니다. 복음을 기뻐하는 사람은 열심히 복음을 전합니다. 맡겨진 사명을 감당하며 복음을 전하기 위해 충성하지요. 또한 하나님의 뜻을 알기 때문에 복음을 듣고 주님을 영접하여 구원받는 이들이 더해가는 것을 기뻐하는 것입니다.

"하나님은 모든 사람이 구원을 받으며 진리를 아는 데 이르기를 원하시느니라"(딤전 2:4)

어떤 사람은 다른 사람이 전도해서 많은 열매를 내면 시기, 질투합니다. 다른 교회가 부흥하고 하나님께 영광 돌리면 시기하고 질투하는 교회도 있습니다. 이런 마음은 진리와 함께 기뻐하는 마음이 아닙니다. 마음에 영적인 사랑이 있으면 하나님의 나라가 창대히 이뤄지는 것을 기뻐합니다. 나보다 더 충성하여 열매 맺는 사람을 볼 때 내 일처럼 기뻐하고 감사합니다. 부흥하고 사랑받는 교회를 볼 때 함께 기뻐하지요. 이것이 복음을 기뻐하는 마음, 사랑의 마음입니다.

둘째로, 진리에 속한 모든 것을 기뻐하는 것입니다.

선, 사랑, 공의 등 진리에 속한 것을 보고 듣고 행하는 것을 기뻐하는 것이지요. 진리와 함께 기뻐하는 사람은 작은 선행을 보고도 기뻐하고 감동합니다. 또 진리인 하나님 말씀을 송이꿀처럼 달다고 고백하며 늘 설교 말씀을 듣고 성경 보기를 즐겨합니다. 나아가 말씀대로 행하기를 기뻐합니다. 설령 애매히 괴롭히는 사람이 있다 해도 하나님 말씀에 '섬기라, 이해하고 용서하라.' 하셨으니 그대로 순종합니다.

다윗은 하나님을 사랑했기에 성전 건축하기를 사모했지만 하나님께서는 허락하시지 않았습니다. 그 이유는 역대상 28장 3절에 "너는 군인이라 피를 흘렸으니 내 이름을 위하여 전을 건축하지 못하리라" 하신 대로입니다. 전쟁 중에 일어난 어쩔 수 없는 살상이었다 해도 성전을 짓기에 합당하지 않았던 것입니다.

비록 자기 손으로 성전을 짓지 못했지만 그는 재위 당시 아들인 솔로몬이 성전을 지을 수 있도록 각종 건축 재료를 준비했습니다. 백성과 함께 성전에 쓰일 재료들을 힘껏 준비하며 다윗은 벅찬 감동에 기쁨을 이기지 못할 정도였습니다.

"백성이 자기의 즐거이 드림으로 기뻐하였으니 곧 저희가 성심으로 여호와께 즐거이 드림이며 다윗 왕도 기쁨을 이기지 못하여 하니라"(대상 29:9)

이처럼 진리와 함께 기뻐하는 사람은 상대가 잘되면 함께 기뻐합니다. 시기, 질투하거나 '상대가 잘못 되었으면…' 하는 생각은 상상조차 할 수 없지요. 불의한 일이 일어나는 것을 보면 애통해합니다. 또 진리를 기뻐하는 사람은 변개하지 않는 마음, 진실함, 정직함 등 선의 마음을 좋아합니다. 선한 말과 행실을 기뻐하지요. 이러한 자녀들을 보실 때 하나님께서도 기쁨을 이기지 못하십니다.

"너의 하나님 여호와가 너의 가운데 계시니 그는 구원을 베푸실 전능자시라 *그가 너로 인하여 기쁨을 이기지 못하여 하시며 너를 잠잠히 사랑하시며 너로 인하여 즐거이 부르며 기뻐하시리라*"(습 3:17)

아직 자신을 볼 때 진리와 함께 기뻐하지 못하는 모습이 있다 해도 낙망할 필요는 없습니다. 사랑의 하나님께서는 우리가 노력하는 자체도 진리와 함께 기뻐하는 것이라 인정해 주시기 때문입니다.

셋째로, 말씀을 믿고 그대로 행하려고 노력하는 것입니다.

처음부터 진리만 기뻐하는 사람은 찾아보기 어렵습니다. 마음에 어둠과 비진리가 있을 때에는 악한 것을 생각하거나 불의를 기뻐하기도 합니다. 그러다가 차츰차츰 변화되어 비진리의 마음을 온전히 벗으면 진리만 기뻐하는 마음이 되지요. 그렇게 되기까지는 열심히 노력하는 과정이 따릅니다.

예를 들어, 예배드리는 것이 행복한 사람만 있는 것이 아님니다. 초신자와 같이 교회에 온 지 얼마 되지 않아 아직 뭐가 뭔지 모르기 때문에 피곤해하거나 마음이 다른 곳에 가 있는 사람도 있지요. 프로야구 결승전 결과가 궁금하기도 하고 다음 날 있을 중요한 회의 때문에 조바심이 나기도 합니다.

그러나 성전에 나와 예배드리는 행함은 말씀대로 순종하고자 노력하는 것입니다. 즉 진리와 함께 기뻐하는 것이지요. 왜 그렇게 노력합니까? 구원받아 천국에 가기 위해서입니다. 진리인 하나님 말씀을 듣고 하나님을 믿기에 천국과 지옥이 있다는 것을 믿습니다. 각 사람에게 주어지는 천국 상급이 다름을 알기 때문에 열심히 성결되고 충성하려고 노력합니다. 진리와 함께 백 퍼센트 기뻐하지는 못한다 해도 이처럼 저마다 믿음의 분량대로 최선을 다하는 것이 바로 진리와 함께 기뻐하는 것입니다.

진리에 주리고 목마르면 축복

진리와 함께 기뻐하는 것은 당연합니다. 오직 진리만이 우리를 변화시킬 수 있기 때문입니다. 진리, 곧 복음을 듣고 믿어 그 말씀대로 살면 영생을 얻고 온전한 하나님의 자녀로 변화됩니다. 천국 소망과 영적인 사랑이 가득하니 얼굴이 기쁨으로 빛납니다. 또 진리로 변화될수록 하나님과 사람들에게 사랑받으니 즐겁습니다.

우리는 진리를 기뻐하되 나아가 진리에 주리고 목말라야 합니다. 주리고 목마르면 먹을 양식과 음료가 간절히 생각나듯이 진리를 사모하는 마음도 이처럼 간절해야 신속히 변화될 수 있습니다. 그래서 늘 진리를 먹고 마시는 삶을 살아야 합니다. 진리를 먹고 마신다는 것은 하나님 말씀을 부지런히 양식 삼고 행해 나가는 것입니다.

어떤 사람은 하나님 말씀을 즐겨 읽다가 석유 매장지를 발견했습니다. 출애굽기 2장 3절에 "갈 상자를 가져다가 역청과 나무 진을 칠하고"라는 구절을 읽는데 역청이 영어로 피치(pitch) 곧 석유의 일종임을 알게 되었습니다. 그 후 지질학자와 조사단을 파견하여 유전을 발견하고 세계적인 정유회사로 발돋움했다고 합니다. 성경에는 이보다 더 값진 보화가 많습니다. 어려운 인생 문제의 해결 방법과 축복의 비결, 구원과 영생의 길을 제시하는 보물창고이므로 하나님 말씀을 가까이하여 행할 때 축복이 따릅니다.

사랑하는 사람이 앞에 있으면 얼굴에 기쁜 빛을 감추기 어렵습니다. 지금은 우리가 하나님과 대면하여 설 수 없지만 하나님을 진정 사랑하면 반드시 표시가 납니다. 진리를 보고 듣기만 해도 기쁘고 행복하니 주변 사람들에게서 "참 행복해 보인다."는 말을 듣습니다. 또 하나님과 주님만 생각해도 감사하여 눈물이 나고 작은 선행만 봐도 감동하여 눈물을 흘립니다.

이처럼 신앙생활을 하며 흘리는 감사의 눈물, 영혼을 위한 애통의 눈물 등 선에 속한 눈물은 장차 아름다운 보석이 되어 각자 천국 집에 장식됩니다. 진리와 함께 기뻐함으로 하나님의 사랑받는 증거가 늘 삶 가운데 넘쳐나기를 바랍니다.

사랑의 항목 II	6. 사랑은 무례히 행치 않는 것
	7. 사랑은 자기 유익을 구치 않는 것
	8. 사랑은 성내지 않는 것
	9. 사랑은 악한 것을 생각하지 않는 것
	10. 사랑은 불의를 기뻐하지 않는 것
	11. 사랑은 진리와 함께 기뻐하는 것

12. 사랑은 모든 것을 참는 것

우리가 처음 예수 그리스도를 영접하고 말씀대로 살려고 노력하다 보면 참아야 할 일이 많습니다. 혈기가 나고 짜증이 나도 참아야 하고 내가 원하는 대로 살아가려는 마음도 참아야 합니다. 그래서 사랑의 개념을 설명할 때에도 가장 먼저 '오래 참고'라 한 것입니다. 마음의 비진리를 버리기 위해 온갖 시련을 참는 자기와의 싸움이 '오래 참음'이라면 '모든 것을 참는다'는 것은 더욱 깊고 넓은 의미입니다. '오래 참음'으로 자신의 마음을 진리로 일군 후에 상대로 인해 겪어야 하는 모든 고통을 참는 것입니다. 곧 영적인 사랑에 위배되는 모든 것을 참는 것입니다.

죄인을 구원하기 위해 이 땅에 오신 예수님을 사람들은 어떻게 대했습니까? 오직 선한 일만 행하셨는데도 사람들은 조롱하고 멸시하며 십자가에 못 박았습니다. 진리 자체이신 예수님은 이런 인생들이라 해도 잠잠히 참아주셨습니다. 오히려 그들을 위해 중보의 기도를 올리십니다.

"아버지여 저희를 사하여 주옵소서 자기의 하는 것을 알지

못함이니이다"(눅 23:34)

예수님께서 모든 것을 참고 사랑하신 결과 어떻게 되었습니까? 예수님을 구세주로 영접하는 사람마다 하나님 자녀가되는 구원의 역사가 일어났습니다. 사망에서 벗어나 영생에 이르게 되었지요. "도끼를 갈아 바늘을 만든다."는 말이 있습니다. 아무리 어려운 일이라도 끈기를 가지고 노력하면 마침내이룰 수 있다는 뜻입니다. 무쇠로 만든 도끼를 갈아 예리한바늘을 만들려면 얼마나 많은 시간과 노력이 필요하겠습니까? "차라리 도끼를 팔아 바늘 한 움큼을 사고 말지 무엇 하러 그 고생을 하나?" 말할 사람도 있을 것입니다. 불가능해보일 만큼 고된 일이기 때문입니다.

이런 수고를 마다하지 않는 분이 바로 우리 영혼의 주인되신 아버지 하나님이십니다. 하나님께서도 우리를 사랑하기에 노하기를 더디 하시고, 참고 또 참아 주며 늘 인자와 긍휼을 베푸십니다. 무쇠같이 단단한 사람도 갈고 다듬고 또 다듬어 가십니다. 0.000001 퍼센트의 가능성조차 찾아보기 힘든 사람이라도 참 자녀로 변화될 때까지 기다려 주시는 것입니다.

"상한 갈대를 꺾지 아니하며 꺼져가는 심지를 *끄지* 아니하기를 심판하여 이길 때까지 하리니 "(마 12:20)

지금도 하나님께서는 모든 고통을 기쁨으로 참고 기다리십니다. 수천 년의 세월 동안 사람들이 악을 행할지라도 선으로 변화되기를 바라보며 기다리셨고, 하나님을 배반하고 가증한 우상을 섬길지라도 다시금 하나님이 참 신임을 나타내 보이시며 믿음으로 견디는 것입니다. 만약 "너는 불의가 가득하니 도저히 안 되겠어. 가망이 없구나. 더 이상은 못 참겠다."라고 하나님이 하신다면 구원받을 사람이 얼마나 있겠습니까?

"내가 무궁한 사랑으로 너를 사랑하는 고로 인자함으로 너를 인도하였다 하였노라"(렘 31:3)

무궁하다는 말은 끝이 없다, 한이 없다는 뜻이지요. 이처럼 끝이 없고, 한이 없는 사랑으로 우리를 인도하시는 것입니다.

저는 교회를 개척하여 하나님 나라를 이뤄 오는 동안, 이런 하나님의 마음을 조금이나마 이해할 수 있었습니다. 그래서 믿음이 연약하고 성격이 모난 사람이라도 언젠가 변화되어 하나님께 영광 돌릴 것을 기대하며 항상 믿음의 눈으로 바라보았습니다. 온전히 변화될 때까지 성결의 복음을 가르치며 간절히 기도하기를 쉬지 않았지요. 이처럼 믿고 바라는 마음으로 기다리고 또 기다리니 결국 많은 성도가 좋은 일꾼으로 성장하는 것을 보았습니다.

그때마다 그를 위해 인내하며 기다렸던 오랜 시간들이 순간처럼 짧게 느껴집니다. 베드로후서 3장 8절에 "사랑하는 자들아 주께는 하루가 천 년 같고 천 년이 하루 같은 이 한 가지를 잊지 말라" 하신 말씀의 의미를 이해할 수 있었지요. 사람으로는 견디기 어려울 만큼 오랜 시간을 인내하면서도 그 시간을 짧게 여기시는 하나님의 사랑을 깨달아 우리도 그러한 사랑으로 주변 모든 사람을 사랑할 수 있어야 하겠습니다.

13. 사랑은 모든 것을 믿는 것

　진정 사랑한다면 상대의 모든 것을 믿어 줍니다. 부부도 진정 사랑하면 상대를 전적으로 신뢰합니다. 설령 상대에게 부족함이 있더라도 어찌하든 믿으려 합니다. 반면 사랑이 없는 사이에는 서로 간에 믿음도 없습니다. 늘 판단, 정죄하고 사사건건 다툽니다. 이처럼 믿음은 사랑의 크기를 보여 주는 하나의 척도가 됩니다. 따라서 하나님을 온전히 믿는다는 것은 하나님을 온전히 사랑한다는 증거가 될 수 있습니다.

　믿음의 조상 아브라함은 하나님의 벗이라 불렸습니다. 아브라함은 독자 이삭을 바치라는 하나님 명령에 조금의 망설임 없이 그대로 순종했습니다. 하나님을 온전히 믿었기 때문입니다. 하나님께서는 그런 믿음을 보고 "내가 이제야 네가 하나님을 경외하는 줄을 아노라" 하며 아브라함의 사랑을 인정해 주셨습니다. 이처럼 사랑은 상대를 믿는 것입니다. 하나님을 온전히 사랑하는 사람은 하나님을 온전히 신뢰하며, 하나님의 모든 말씀을 백퍼센트 믿습니다. 우리도 하나님을 사랑하기에 하나님을 믿습니다. 그리고 모든 것을 믿기 때문에 모든 것을 참습니다.

사랑은 '사랑에 위배되는 모든 것을 참는 것'이라 했는데, 사랑에 위배되는 모든 것을 참으려면 반드시 믿음이 있어야 합니다. 즉 하나님의 모든 말씀을 믿을 때라야 열심히 마음에 할례하여 사랑과 위배되는 것을 버릴 수 있습니다.

엄밀히 말하면 우리가 처음부터 하나님을 사랑하기 때문에 믿은 것은 아닙니다. 하나님께서 먼저 우리를 사랑해 주셨고 그 사실을 믿음으로써 하나님을 사랑하게 된 것이지요. 하나님께서는 어떻게 사랑하셨습니까? 죄인이었던 우리를 위해 독생자를 아낌없이 내주심으로 구원의 길을 열어주셨습니다.

처음에는 이런 사실을 믿기 때문에 하나님을 사랑하지만 영적인 사랑을 이루면 사랑하기 때문에 믿는 차원에 이릅니다. 영적인 사랑을 이뤘다는 것은 비진리의 마음을 다 버렸다는 것입니다. 마음에 비진리가 없으면 하늘로부터 마음 중심에서 믿어지는 영적인 믿음이 주어집니다. 이때부터는 하나님 말씀을 의심하거나 신뢰가 흔들리는 일이 없습니다. 또한 영적인 사랑을 온전히 이룬 사람은 모든 사람을 믿습니다. 상대가 믿을 만해서가 아니라, 허물 많고 부족해도 믿음으로 바라봐 주는 것입니다.

우리 역시 어떤 사람이라도 믿어 줄 수 있는 마음을 가져야 합니다. 스스로에 대해서도 믿어야 합니다. 스스로 보기에 아직 부족하다 할지라도 나를 변화시키실 하나님을 믿고 변화될 자신을 바라보아야 합니다. 우리 마음에 계시는 성령님께서는 늘 "잘할 수 있어. 내가 도와줄게." 말씀하십니다. 그 사랑을 믿고 스스로도 "잘할 수 있다. 변화될 수 있다." 고백하면 하나님께서 그 믿음대로 이뤄 주십니다. 그러니 믿는다는 것은 얼마나 아름다운 일입니까.

하나님께서도 우리 인생들을 이처럼 믿어주십니다. 우리 한 사람 한 사람이 하나님의 사랑을 알고 구원의 길로 나올 것을 믿으셨지요. 오직 믿음으로 바라보셨기에 독생자 예수님도 아낌없이 십자가에 내주셨던 것입니다. 하나님께서는 아직 주님을 알지 못하고 믿지 않는 영혼들이라도 구원받아 하나님 품으로 돌아올 것을 믿으십니다. 구원받은 자녀들은 변화되어 하나님을 꼭 닮은 자녀들로 나올 것을 믿으시지요. 여러분도 이런 사랑으로, 어떤 영혼이든지 믿어 줄 수 있는 마음이 되시기 바랍니다.

14. 사랑은 모든 것을 바라는 것

영국 웨스트민스터 사원의 한 묘비에는 이런 글이 쓰여 있다고 합니다. "젊었을 때 이 세상을 변화시키려고 했지만 이루지 못했고, 황혼의 나이에는 가족을 변화시키려 했지만 이도 이루지 못했는데, 죽음이 가까웠을 때에야 나 자신이 변하였다면 그 모든 것이 변했을 것이라는 사실을 깨달았다."

사람들은 상대가 마음에 들지 않을 때 자기가 원하는 대로 자꾸만 바꾸려고 합니다. 그러나 상대를 변화시키는 것은 거의 불가능에 가깝습니다. 치약을 위에서 짜느냐, 밑에서부터 짜느냐 하는 등의 사소한 습관조차 바꾸지 못해 다투는 부부가 얼마나 많습니까? 상대를 변화시키기 전에 내가 변화되면 됩니다. 그리고 사랑의 마음을 가지고 상대가 변화되기를 기대하고 바라며 기다려 주면 되지요.

모든 것을 바란다는 것은 믿는 것이 실상으로 나타날 때까지 기대하며 기다리는 것입니다. 하나님을 사랑하면 말씀을 믿고 말씀대로 이뤄질 것을 바라게 됩니다. 장차 아름다운 천국에서 하나님과 세세토록 사랑을 나누며 살게 될 것을 바라며 모든 것을 참으며 달려갑니다. 만일 모든 것을 믿음으로 바라보는 것이 없다면 어떨까요?

하나님을 믿지 않는 사람들에게는 아름답고 행복한 천국에 대한 소망이 없습니다. 이런 장래의 소망이 없으니 현실 속에서 마음 내키는 대로 살아갑니다. 더 많은 것을 가지려 하고 욕심을 채우기 위해 다투며 살지요. 그러나 아무리 갖고 누린다 해도 참된 만족이 없습니다. 한 치 앞도 내다볼 수 없는 미래에 대한 막연한 불안과 두려움 속에 살아가지요.

반면에 하나님을 믿는 자녀들은 모든 것을 바람으로 좁은 길을 갑니다. 왜 좁은 길이라고 합니까? 이는 하나님을 알지 못하는 사람, 믿지 않는 사람 편에서 볼 때 그렇다는 것입니다. 예수 그리스도를 영접하고 하나님의 자녀가 되면 오락을 즐기지도 않고 주일에는 온종일 교회에서 예배드리며, 하나님 나라를 위해 충성, 봉사하는 등 말씀대로 살려고 노력하며 기도합니다. 이 자체가 믿음이 없으면 힘들기 때문에 좁은 길이라는 것입니다.

사도 바울의 고백을 보십시오. "만일 그리스도 안에서 우리의 바라는 것이 다만 이생뿐이면 모든 사람 가운데 우리가 더욱 불쌍한 자리라"(고전 15:19) 육적으로만 보면 하나님의 자녀로서 많은 것을 절제하고 수고해야 하니 고생스럽게 보입니다. 그러나 이 길은 어떤 것보다 행복한 길입니다. 사랑하는 사람과 함께라면 초가삼간이라도 행복하다고들 합니다. 하물며 아름다운 천국에서 사랑하는 주님과 영원히 살아갈 것을 생각한다면 얼마나 설레고 즐겁겠습니까? 이처럼 진정한 사랑은 믿는 모든 것이 실상으로 나타날 때까지 변함없이 기다리고 바라는 것입니다.

모든 것을 믿음으로 바라본다는 것은 큰 힘이 있습니다. 자녀들 중에 말썽을 부리거나 공부를 못하는 아이가 있다고 합시다. 이런 자녀라도 부모가 "잘할 수 있어!" 하며 믿어주고 소망의 눈으로 바라봐 주면 얼마든지 착하고 공부도 잘하는 아이로 바뀔 수 있습니다. 부모의 믿음이 아이의 발전을 촉진시키고 자존감을 심어주기 때문입니다. 자존감이 높은 아이는 스스로 할 수 있다는 믿음이 있기 때문에 어려운 것도 헤쳐 나갈 수 있는 자신감이 생기고 이러한 심리가 실제로도 학업 성적을 높인다고 합니다.

영혼을 갈무리할 때에도 마찬가지입니다. 어떤 경우에도 생각 가운데 상대를 단정 지어서는 안 됩니다. '저 사람은 변화되기 어려울 것 같다.' 하거나 '여전히 그 모습이구나.' 하고 실망해서는 안 됩니다. 하나님의 사랑으로 변화될 것을 소망의 눈으로 바라봐야 합니다. "당신도 할 수 있습니다!" 격려하며 끊임없이 기도해 주어야 하지요. 천 년을 하루같이 기다리시는 하나님의 마음과 같이 어떤 영혼이든지 소망의 눈으로 바라봐 줄 수 있어야겠습니다.

고린도전서 13장 7절에 사랑은 "모든 것을 참으며 모든 것을 믿으며 모든 것을 바라며 모든 것을 견디느니라" 했는데 모든 것을 견딘다는 것은 어떤 의미일까요? 영적인 사랑에 위배되는 모든 것을 참다 보면 그에 따른 여파가 오기 마련입니다. 마치 큰 물결이 지나가면 그 뒤를 따라 잔물결이 이는 것처럼 모든 것을 참을 때에도 참는 것으로 끝나는 것이 아니라 시험이 오기도 하고 마음에 고통이 따르기도 합니다.

예를 들어, 성경에 "악한 자를 대적지 말라 누구든지 네 오른편 뺨을 치거든 왼편도 돌려 대며"(마 5:39) 했습니다. 이 말씀대로 상대에게 악으로 대항하지 않고 잠잠히 참습니다. 그러나 그에 따르는 아픔은 어쩔 수 없지요. 이때 저마다 마음이 아픈 이유도 다릅니다. 억울하게 맞았다고 마음이 쓰린 사람이 있는가 하면, 상대를 화나게 한 것이 민망해서 마음 아픈 사람도 있습니다. 분을 참지 못하고 그대로 표출하는 형제를 보니 안타까워서 마음이 아프기도 하지요.

참음의 여파는 이뿐만이 아닙니다. 외부 환경으로부터 올 수도 있습니다. 상대가 오른뺨을 때릴 때 참고 왼편을 돌려댔는데 사정없이 왼뺨까지 때립니다. 하나님 말씀대로 순종해서 참았는데도 상황이 나아지기는커녕 오히려 더 나빠진 것처럼 보입니다. 다니엘의 경우가 그랬습니다. 다니엘은 사자 굴에 들어갈 줄을 알고도 기도를 쉬지 않았지요. 하나님을 사랑했기에 생명의 위협 앞에서도 타협하지 않았습니다. 또 자신을 시기하여 죽음으로 몰아가는 무리에게 악으로 대항치 않았습니다. 다니엘이 하나님 말씀대로 참으니 상황이 곧바로 좋아졌습니까? 아닙니다. 그는 굶주린 사자가 울부짖는 굴에 던져졌습니다.

하나님의 뜻대로 사랑에 위배되는 것을 참았으니 곧바로 시험이 물러가야 할 것 같은데 왜 이러한 연단이 따를까요? 이는 우리를 온전케 하고 축복을 주시기 위한 하나님의 섭리입니다. 농작물은 비, 바람, 따가운 햇살을 견딤으로 실한 열매를 맺듯이 우리도 견디는 시간을 통해 알곡으로 맺혀지지요. 연단을 통해 하나님의 참 자녀로 나오는 것이 바로 인간 경작의 섭리입니다.

연단은 축복

원수 마귀 사단은 하나님의 자녀들이 빛 가운데 살지 못하도록 어찌하든 훼방합니다. 호시탐탐 기회를 엿보며 조금의 흠과 티만 보여도 송사를 하지요. 예컨대, 악을 행하는 사람을 볼 때 겉으로는 참지만 마음에는 여전히 '보기 싫다, 이해할 수 없다.'라는 감정이 있습니다. 원수 마귀 사단은 이것을 알기 때문에 송사하여 연단이 시작되는 것입니다. 마음에 악이 없다고 인정받기까지는 크든 작든 연단이라는 테스트가 따르지요. 물론 악이 전혀 없다 해도 연단이 오는 경우가 있습니다. 이는 축복을 주시려는 연단입니다. 마음에 악이 없는 차원에 그치는 것이 아니라 더 큰 사랑, 온전한 선을 이루도록 이끄시는 것입니다.

개인적인 축복을 주실 때만이 아니라 하나님 나라를 이룰 때에도 이런 원리가 적용됩니다. 하나님께서 큰 역사를 베푸시기 위해서는 그만큼 공의가 충족되어야 합니다. 큰 믿음과 사랑의 행함으로 응답받을 만한 그릇임을 증명해야 원수 마귀 사단이 송사하지 못하지요.

이런 이유로 하나님께서는 때로는 시련의 비바람을 견디게 하십니다. 그럴 때 오직 선과 사랑으로 인내하면 결국 승리하여 영광을 돌리게 됩니다. 특히 주님의 이름을 인하여 애매히 받는 핍박이나 고난을 잘 이기면 반드시 축복이 옵니다.

"나를 인하여 너희를 욕하고 핍박하고 거짓으로 너희를 거스려 모든 악한 말을 할 때에는 너희에게 복이 있나니 기뻐하고 즐거워하라 하늘에서 너희의 상이 큼이라"(마 5:11~12)

모든 것을 참고 믿고 바라며 견디려면

우리가 하나님을 사랑하기 때문에 진리 안에서 모든 것을 참고 믿고 모든 것을 바라면 어떤 연단이든지 능히 견딜 수 있습니다. 그러면 구체적으로 어떻게 모든 것을 믿고, 바라며 견뎌야 할까요?

첫째, 연단 중에도 하나님 사랑을 굳게 믿어야 합니다.

베드로전서 1장 7절에 "너희 믿음의 시련이 불로 연단하여도 없어질 금보다 더 귀하여 예수 그리스도의 나타나실 때에 칭찬과 영광과 존귀를 얻게 하려 함이라" 했습니다. 하나님께서는 우리가 이 땅의 삶이 끝나는 날 칭찬과 영광과 존귀를 얻을 수 있는 자격을 갖추도록 연단을 허락하시는 것입니다.

세상과 타협하지 않고 하나님 말씀대로 살다 보면 애매히 고난받을 때가 있습니다. 그럴 때마다 '내가 하나님의 특별한 사랑을 받고 있구나.' 하고 믿어야 합니다. 그러면 오히려 모든 것이 감사의 조건이 됩니다. 나를 더 좋은 천국으로 인도하기 위해 허락하신 연단이니 얼마나 감사합니까. 이 사랑을 믿되 끝까지 믿어야 합니다. 믿음의 시련에는 아픔이 따를 수도 있습니다.

고통이 크고 시간이 길어지면 '하나님께서 정말 나를 사랑하실까?' 하는 생각이 들 때도 있을 것입니다. 이럴 때일수록 하나님의 사랑을 굳게 새기고 인내해야 합니다. 하나님께서 나를 사랑하시기에 꼭 좋은 천국으로 이끌기 원하신다는 것을 믿어야 합니다. 하나님의 사랑을 믿고 끝까지 인내하면 결국 온전한 사람으로 나오게 됩니다.

"인내를 온전히 이루라 이는 너희로 온전하고 구비하여 조금도 부족함이 없게 하려 함이라"(약 1:4)

둘째로, 연단이 소망을 이루는 지름길임을 믿어야 합니다.

로마서 5장 3~4절에 보면 "우리가 환난 중에도 즐거워하나니 이는 환난은 인내를, 인내는 연단을, 연단은 소망을 이루는 줄 앎이로다" 한 대로 연단은 소망을 이루는 지름길과 같습니다. 때로 자신을 볼 때 '어느 세월에 변화될까?' 생각할 수도 있지만 연마 끝에 빛나는 보석처럼 연단을 잘 견딤으로 변화되고 또 변화되면 결국 하나님을 닮은 온전한 자녀가 됩니다.

그러므로 연단을 통과하려고 노력해야 합니다. 물론 좀 더 쉬운 길로 가기 원하는 것이 사람의 마음이지만 연단을 피해 가면 그만큼 더딜 수밖에 없습니다. 만약 주위에 사사건건 트집을 잡는 사람이 있다면 어떨까요? 싫은 내색을 하지는 않지만 그 사람만 있으면 마음이 불편해집니다. 이럴 때에도 문제를 피하는 것이 아니라 적극적으로 마주해야 합니다. 문제를 마주할 때의 힘듦을 인내하며 상대를 진정 이해하고 용서하는 마음을 이뤄야 합니다. 그러면 하나님께서 은혜를 주시며 변화되도록 이끄십니다. 이처럼 연단의 상황들 하나하나가 소망을 이루는 징검다리가 되고 지름길이 됩니다.

셋째, 모든 것을 견디려면 오직 선만 행해야 합니다.

하나님 말씀대로 모든 것을 참았는데도 상황이 나아지지 않으면 많은 사람이 하나님을 원망합니다. "왜 상황이 바뀌지 않습니까?" 하고 불평하지요. 육적으로 보면 시험 환난은 사람이나 환경으로 인해 오는 것처럼 보이지만 영적으로는 그렇지 않습니다. 모든 믿음의 시련은 원수 마귀 사단이 가져다주는 것입니다. 곧 시험, 환난은 선과 악의 싸움입니다.

이런 영적인 싸움에서 승리하려면 영계의 법칙대로 싸워야 합니다. 영계의 법칙은 결국 선이 승리한다는 것입니다. 로마서 12장 21절에 "악에게 지지 말고 선으로 악을 이기라" 하신 대로 선을 행하면 당장에는 지는 것 같고 손해 보는 것 같지만 반드시 선이 승리합니다. 공의로우신 하나님께서 인생의 생사화복을 주관하시기 때문입니다. 따라서 시험, 환난, 핍박이 올수록 더욱 선을 행해야 합니다.

간혹 성도들 중에 믿지 않는 가족에게 핍박받는 경우가 있습니다. 그럴 때에 '내 남편은, 내 아내는 왜 저렇게 악할까?'라는 생각이 남아 있다면 연단의 시간은 길어질 수밖에 없습니다. 이 경우 어떻게 하는 것이 선입니까? 사랑으로 기도해 주고 주 안에서 섬김으로 가정을 환하게 밝히는 빛이 되어야 하지요. 이처럼 선을 행하되 낙심치 않으면 가장 좋은 때 하나님께서 역사해 주십니다. 원수 마귀 사단을 물리쳐 주시고 사람들의 마음도 움직여 주시지요. 모든 문제는 하나님의 법에 따라 선을 행할 때 풀리는 것입니다. 영적인 싸움에서 가장 강력한 무기는 사람의 힘이나 지혜가 아니라 바로 하나님의 선입니다. 그러므로 어떤 시험을 만나든지 오직 선으로 인내하고 행하시기 바랍니다.

현재 나에게 '저 사람과 함께 있는 것이 견디기 어렵다.' 느껴지는 사람이 있습니까? 우리 주변에는 하는 일마다 주변 사람에게 피해만 주고 힘들게 하는 사람도 있고, 걸핏하면 불평하고 토라지는 사람도 있지요. 안하무인하여 도무지 이해되지 않는 사람도 있습니다. 그러나 마음에 참사랑을 이루면 견디기 힘든 사람이 없습니다. "네 이웃을 네 몸과 같이 사랑하라"(마 22:39) 하신 대로 상대를 자신처럼 사랑하기 때문에 모든 것을 이해하고 품게 되지요.

하나님께서도 우리 한 사람 한 사람을 이러한 사랑으로 이해하고 견뎌 주십니다. 살 속을 파고드는 날카로운 이물질을 품어 끝내 영롱한 진주를 만들어 내는 조개처럼 우리도 사랑을 이루기 위해 오는 모든 아픔을 믿음과 소망으로 잘 견뎌야 합니다. 그리하여 '영적인 사랑'이라는 최상품의 사랑을 만들면 장차 진주문을 통과하여 하나님 보좌가 있는 새 예루살렘에 들어갈 수 있습니다.

진주문을 지나면서 지나온 날들을 회상할 그때를 그려보시기 바랍니다. 힘든 연단의 고비 고비마다 이길 수 있는 힘을 주시고 우리 마음을 영롱한 진주와 같이 아름답게 빚어 주신 하나님께 "모든 것을 참고 믿고 바라고 견뎌 주심에 감사합니다."라는 감동의 고백을 드릴 수 있어야겠습니다.

사랑의
항목 III

12. 사랑은 모든 것을 참는 것
13. 사랑은 모든 것을 믿는 것
14. 사랑은 모든 것을 바라는 것
15. 사랑은 모든 것을 견디는 것

온전한 사랑
Perfect Love

사랑은 언제까지든지 떨어지지 아니하나

예언도 폐하고 방언도 그치고 지식도 폐하리라

우리가 부분적으로 알고 부분적으로 예언하니 …

이제는 내가 부분적으로 아나 그 때에는 주께서 나를 아신 것같이

내가 온전히 알리라 그런즉 믿음, 소망, 사랑,

이 세 가지는 항상 있을 것인데 그중에 제일은 사랑이라 고전 13:8~13

만약 천국에 갈 때 원하는 것을 한 가지씩 가져갈 수 있다면 무엇을 가져가겠습니까? 값비싼 황금? 다이아몬드? 돈? 이 모든 것이 천국에서는 쓸모가 없습니다. 그곳에는 밟고 다니는 길조차 정금이기 때문입니다. 하나님께서 천국에 준비해 두신 것들은 매우 아름답고 귀합니다. 우리 마음을 헤아리셔서 가장 좋은 것으로 준비하셨기 때문입니다. 단 한 가지 천국에 가져가면 가치 있는 것이 있는데 이 땅에 사는 동안 우리 마음에 이룬 '사랑'입니다.

천국에서도 필요한 사랑

장차 천국에 가면 세상에 속한 육의 것들이 다 없어집니다(계 21:1). 육의 것이란 썩고 변질되는 모든 것입니다. 시편 103편 15절에 "인생은 그 날이 풀과 같으며 그 영화가 들의 꽃과 같도다" 말씀한 대로 부, 명예, 권세 등 육의 것은 모두 변하고 결국에는 사라집니다. 또한 미움, 다툼, 시기, 질투 등 죄와 어둠도 없어집니다.

"사랑은 언제까지든지 떨어지지 아니하나 예언도 폐하고 방언도 그치고 지식도 폐하리라 우리가 부분적으로 알고 부분적으로 예언하니 온전한 것이 올 때에는 부분적으로 하던 것이 폐하리라"(고전 13:8~10)

예언이나 방언, 하나님을 아는 지식은 신령한 것인데 왜 이 것도 사라진다고 하는 것일까요? 답은 간단합니다. 영의 세계인 천국은 온전한 곳입니다. 우리가 이 세상에서 예언한다 해도 장차 천국에서 알고 깨닫는 것과는 차원이 다르지요. 그때에는 하나님과 주님의 마음을 잘 알기 때문에 예언이 필요치 않습니다.

방언도 그렇습니다. 지금은 나라나 민족, 지역에 따라 다른 언어를 사용하기 때문에 언어권이 다른 사람과 대화하려면 서로의 언어를 배워야 합니다. 또 문화적인 차이로 마음과 생각을 공유하려면 많은 시간과 노력이 필요하지요. 설령 같은 문화권에, 같은 언어를 쓴다 해도 서로의 마음과 생각을 다 알기는 어렵습니다. 언변에 능한 사람이라 해도 자신의 마음을 백 퍼센트 말로 전달하기는 어렵지요. 오히려 말 때문에 얼마나 많은 오해와 다툼이 일어납니까.

천국에 가면 이런 걱정이 없습니다. 언어가 하나이기 때문에 알아듣지 못할 염려가 없고, 선한 마음이 그대로 전달되기 때문에 오해나 편견이 생기지 않지요.

지식도 마찬가지입니다. 여기서 지식이란 하나님의 말씀을 아는 지식입니다. 우리는 이 땅에 사는 동안 열심히 말씀을 배웁니다. 성경 66권 말씀을 통해 어떻게 구원받고 영생을 얻는지, 무엇이 하나님 뜻인지 배우지만 그것은 천국 가는 데 필요한 극히 일부분에 지나지 않습니다.

예를 들어, 미움, 시기, 질투가 있는 이 땅에서는 "서로 사랑하라", "시기하지 말라, 질투하지 말라" 하신 말씀을 듣고 열심히 행해야 합니다. 그러나 천국에는 오직 사랑만 있기 때문에 이런 지식이 필요치 않습니다. 예언이나 방언, 지식 등은 영에 속한 것이지만 천국 가기 위해 한시적으로 필요한 것이기 때문에 결국 폐하게 됩니다.

그러므로 우리가 천국에 대해 잘 아는 것도 중요하지만 사랑을 이루는 것이 더 중요합니다. 죄를 버리고 마음에 할례하여 영적인 사랑을 이루는 만큼 더 좋은 천국에 갈 수 있기 때문입니다.

영원히 가치있는 사랑

첫사랑의 때를 떠올려 보십시오. 얼마나 행복합니까? "사랑하면 눈에 콩깍지가 씐다."는 말처럼 누군가를 사랑하면 상대의 좋은 점만 보이고 모든 것이 아름답게만 보입니다. 태양은 한층 빛이 나고 공기에서조차 향이 느껴집니다. 실제로 사랑을 하고 있는 사람의 뇌에서는 비판적인 사고와 부정적인 감정을 일으키는 부분이 비활성화 된다는 실험 보고도 있지요. 마찬가지로 하나님의 사랑이 마음에 가득하면 밥을 안 먹어도 배부른 듯 기쁘고 행복합니다. 천국에는 이런 기쁨이 영원히 지속됩니다.

이 땅과 천국의 삶을 비교해 본다면 이 땅의 삶은 어린아이 때와 같습니다. 말을 배우기 시작한 아이는 '엄마, 아빠'와 같은 쉬운 단어는 곧잘 따라 할 수 있습니다. 그러나 복잡하고 어려운 단어나 문장은 깨닫지 못하고 어른들의 세계를 이해하지 못하지요. 단지 아이로서 알고 있는 지식과 능력 안에서 말하고 깨닫고 생각합니다.

아직 돈에 대한 가치 개념이 없는 아이들에게 오백 원짜리 동전과 오만 원짜리 지폐를 내밀면 으레 동전을 집어듭니다. 어른들이 건네 준 오백 원짜리 동전으로 아이스크림이나 사탕을 사본 경험이 있어서 그 가치를 알지만, 지폐의 가치는 모르는 것입니다.

우리가 이 땅에 사는 동안 천국을 알고 깨닫는 깊이도 이에 비유할 수 있습니다. 천국이 아름다운 곳이라는 것은 알지만, 얼마나 아름다운지, 그 광채가 얼마나 찬란한지 이 땅의 말로는 표현하기가 어렵지요. 천국은 한계가 없어서 아름다움을 무궁무진하게 표현할 수 있습니다. 장차 천국에 이르면 그때에는 무한히 넓고 신비로운 영의 세계와 모든 것이 운행되는 원리도 얼마든지 깨달을 수 있습니다.

"내가 어렸을 때에는 말하는 것이 어린아이와 같고 깨닫는 것이 어린아이와 같고 생각하는 것이 어린아이와 같다가 장성한 사람이 되어서는 어린아이의 일을 버렸노라"(고전 13:11)

천국에는 어둠이나 염려, 근심이 없으며 선과 사랑만 있기에 마음껏 사랑을 표현하고 섬길 수 있습니다. 육의 세계와 영의 세계는 이처럼 확연히 차이가 납니다. 물론 이 땅에서도 믿음의 분량에 따라 말하고 깨닫고 생각하는 것에 차이가 납니다.

요한일서 2장에 보면 믿음의 각 단계를 자녀, 아이, 청년, 아비에 비유합니다. 자녀나 아이의 믿음에 있는 사람은 영적으로 깊이 있는 말씀은 잘 깨닫지 못하고 말씀대로 행할 힘이 적습니다. 그러다가 청년의 믿음이 되고 더 장성하여 아비의 믿음이 되면 말과 생각, 행동하는 것이 달라집니다. 하나님의 사랑을 느끼고 영적인 말씀을 깨닫는 차원도 달라지지요. 말씀대로 행할 수 있는 능력도 커지고 어둠의 세력과도 싸워 이길 수 있습니다. 하지만 아무리 이 땅에서 아비의 믿음을 이뤘다 해도 육의 한계가 있기 때문에 천국에 비하면 역시 어린

아이와 같습니다.

온전히 느낄 수 있는 사랑

아이의 때가 성인이 되기 위한 준비과정이듯 이 땅의 삶은 영원한 삶을 준비하는 과정입니다. 영원한 천국에 비하면 이 세상은 그림자와 같기 때문에 금방 지나갑니다. 그림자는 해가 지면 사라지는 허상이며, 실체가 아니라 실체를 닮은 모형에 불과하지요.

"주 앞에서는 우리가 우리 열조와 다름이 없이 나그네와 우거한 자라 세상에 있는 날이 그림자 같아서 머무름이 없나이다"(대상 29:15)

그림자를 보면 형태를 대략 알 수 있습니다. 이 세상도 영원한 세계가 어떠한지 짐작하게 하는 그림자일 뿐 결코 영원하지 않습니다. 그림자 같은 이 땅의 삶이 지나면 그때에는 실체인 천국이 뚜렷하게 나타납니다. 지금은 영의 세계를 거울로 보는 것처럼 희미하지만 천국에 가면 얼굴을 마주하고 보는 것처럼 뚜렷이 알게 되는 것입니다.

"우리가 이제는 거울로 보는 것같이 희미하나 그때에는 얼굴과 얼굴을 대하여 볼 것이요 이제는 내가 부분적으로 아나 그때에는 주께서 나를 아신 것같이 내가 온전히 알리라"(고전

사도 바울이 사랑장을 기록한 시대는 지금으로부터 약 2천 년 전입니다. 당시의 거울은 은, 청동, 철 등의 금속판을 갈아 광을 내서 만들었기 때문에 오늘날처럼 선명하지 않았습니다. 그래서 '희미하다' 표현한 것입니다. 물론 이 땅에서도 영안이 열려서 생생하게 천국을 보고 느끼는 분들도 있습니다. 그렇다 해도 직접 보는 것에 비한다면 희미할 수밖에 없지요.

우리가 장차 천국에 가면 세세한 것까지도 뚜렷하게 보고 피부로 느끼며 영적인 것들을 분명히 알게 됩니다. 영이신 하나님에 대해 '하나님은 이처럼 광대하고 위대하시구나. 말로 형용할 수 없이 아름다운 분이시구나.' 하고 알게 되는 것입니다.

믿음, 소망, 사랑 중에 제일은 사랑

우리의 신앙이 성장하는 데 있어 믿음과 소망은 매우 귀한 덕목입니다. 믿음이 있어야 구원받아 천국에 가고 믿음으로만 하나님의 자녀가 될 수 있기 때문입니다. 이렇게 구원과 영생, 천국을 얻을 수 있기에 믿음은 보배 중에 보배이며, 응답의 열쇠입니다. 소망은 어떠합니까? 소망을 가짐으로써 더 좋은 천국을 침노할 수 있습니다. 그러니 믿음이 있다면 당연히 소망을 갖게 됩니다. 하나님을 믿고 천국과 지옥을 확실히 믿는다면 천국을 소망하지요.

또한 소망이 있다면 죄를 버리고 성결되기 위해 힘쓰고 열심히 충성합니다. 이처럼 믿음과 소망은 천국에 가는 그날까지 꼭 필요한 것들입니다. 그런데도 고린도전서 13장 13절에서는 사랑이 제일이라고 말씀합니다. 왜일까요?

첫째, 믿음과 소망은 인간 경작받을 동안 필요한 것일 뿐 천국에는 영적인 사랑만 남기 때문입니다.

천국에 가면 이미 천국에 있으니 보지 않고 믿는 믿음이 필요 없으며, 소망 역시 필요치 않습니다. 여러분이 정말 사랑하는 사람이 있는데 일주일간 만나지 못했습니다. 나아가 십 년 동안 못 봤다고 생각해 보십시오. 일주일 뒤에 만난 것과 십 년 후에 극적으로 만난 것과는 그 감격과 기쁨이 분명 다를 것입니다. 그런데 십 년 동안 그리워하던 사람을 마주하면서도 계속 그리워할 사람이 있겠습니까?

우리도 마찬가지입니다. 진정 믿음이 있고 하나님을 사랑한다면 세월이 흐를수록, 믿음이 장성할수록 천국에 대한 소망이 더욱 커지게 됩니다. 시간이 갈수록 주님이 사무치도록 뵙고 싶어지지요. 이처럼 천국의 소망이 있는 사람은 이 땅에서 좁고 험한 길을 가더라도 "힘들다, 괴롭다" 하지 않고 어떤 유혹에도 흔들리지 않습니다. 그리하여 최종 목적지인 천국에 가면 믿음과 소망은 더 이상 필요치 않습니다. 그러나 사랑은 천국에서도 영원토록 이어지기 때문에 사랑이 제일이라 말씀하신 것입니다.

둘째, 믿음으로 천국을 소유하지만 사랑이 없으면 가장 좋은 처소인 새 예루살렘에 들어갈 수 없기 때문입니다.

우리는 믿음과 소망으로 행한 만큼 천국에 들어갈 수 있습니다. 하나님 말씀대로 살아 죄를 버리고 아름다운 마음을 이룬 만큼 영적인 믿음이 주어지고 이 믿음의 분량에 따라 낙원, 1천층, 2천층, 3천층, 새 예루살렘으로 처소가 구분됩니다.

낙원은 예수 그리스도를 영접함으로 겨우 구원받을 만한 믿음을 가진 사람이 들어갑니다. 하나님 나라를 위해 수고한 것이 없는 경우이지요. 1천층은 하나님을 믿은 후 말씀대로 행하려고 노력하는 사람들이 들어가는 곳으로 낙원보다는 훨씬 아름답습니다. 또한 2천층은 하나님을 사랑하고 말씀대로 행하며 하나님 나라를 위해 충성한 사람들이 들어가지요. 3천층은 하나님을 지극히 사랑하여 악은 모양이라도 버린 성결된 사람들에게 주어집니다. 나아가 새 예루살렘은 하나님을 기쁘시게 하는 온전한 믿음을 소유하고 온 집에 충성한 사람들이 들어갑니다(『천국 상·하』 참조).

새 예루살렘은 믿음으로 온전한 사랑을 이룬 하나님의 자녀들에게 주어지는 천국으로서 사랑의 결정체입니다. 원래 새 예루살렘에는 하나님의 독생자이신 예수 그리스도 외에는 들어갈 수 있는 자격이 없습니다. 그러나 피조물인 우리도 예수 그리스도의 십자가 보혈의 공로로 믿음으로 의롭다 하심을 받고 온전한 믿음을 소유하면 새 예루살렘에 들어갈 자격이 주어집니다.

우리가 주님을 닮아 새 예루살렘에 거하기 위해서는 주님이 가신 길을 따라가야 하는데 그 길이 곧 사랑입니다. 이 사랑이 있어야 우리에게 성령의 아홉 가지 열매와 팔복이 임하여 주님의 성품을 닮은 하나님의 아들로서의 자격을 갖출 수 있습니다. 하나님의 아들 된 자격을 얻으면 이 땅에서도 무엇이든지 구하는 대로 응답을 받을 뿐만 아니라 장차 주님과 영원토록 동행하는 특권을 누립니다.

그러므로 우리에게 믿음이 있을 때 천국에 갈 수 있고 소망이 있을 때 죄를 버릴 수 있으니 믿음과 소망은 분명히 필요한 것이지만 온전한 사랑이 있을 때라야 새 예루살렘에 들어갈 수 있으니 사랑이 제일입니다.

피차 사랑의 빚 외에는

아무에게든지 아무 빚도 지지 말라

남을 사랑하는 자는 율법을 다 이루었느니라…

사랑은 이웃에게 악을 행치 아니하나니

그러므로 사랑은 율법의 완성이니라

롬 13:8~10

3

사랑은 율법의 완성

하나님의 사랑
The Love of God

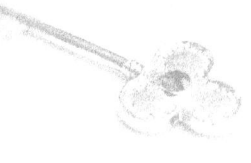

하나님이 우리를 사랑하시는 사랑을

우리가 알고 믿었노니 하나님은 사랑이시라

사랑 안에 거하는 자는 하나님 안에 거하고

하나님도 그 안에 거하시느니라 요일 4:16

1956년, 짐 엘리엇을 비롯한 장래가 촉망되는 다섯 명의 젊은이가 에콰도르의 살인부족이라 불리는 아우카족 선교를 위해 떠납니다. 안타깝게도 그들은 5일 만에 그곳에서 살해당합니다. 이 사건은 당시 미국 전역에 큰 충격을 주었습니다.

시간이 흘러 짐 엘리엇의 아내를 비롯한 사람들이 또다시 복음을 들고 아우카 부족에게 갔습니다. 그 후 어떤 일이 벌어졌을까요? 얼마 지나지 않아 짐 엘리엇을 죽인 원주민 모두가 회심하는 놀라운 일이 일어났습니다. 원주민들은 당시를 이렇게 회상했습니다. "그는 이상한 사람이었다. 손에 총이 있었는데도 우리를 쏘지 않은 이유를 모르겠다." 그것은 바로 하나님의 사랑 때문입니다.

"남을 사랑하는 자는 율법을 다 이루었느니라 간음하지 말라, 살인하지 말라, 도적질하지 말라, 탐내지 말라 한 것과 그 외에 다른 계명이 있을지라도 네 이웃을 네 자신과 같이 사랑하라 하신 그 말씀 가운데 다 들었느니라 사랑은 이웃에게 악을 행치 아니하나니 그러므로 사랑은 율법의 완성이니라"(롬 13:8~10)

사랑 중에서도 가장 높은 차원의 사랑은 우리를 향한 하나님의 사랑입니다. 천지 만물을 창조하고 사람을 지으신 것도 하나님의 사랑에서 시작된 일입니다.

천지 만물을 지으시고 사람을 창조하신 사랑

태초에 하나님은 드넓은 우주 공간을 품고 계셨습니다. 이 공간은 우리가 아는 우주와는 차원이 다릅니다. 시작도 끝도 없는 무한대의 공간이지요. 모든 세계가 하나님 뜻대로 이뤄지고 그 마음에 맞춰 진행되는 공간입니다. 이렇게 모든 것을 갖고 무엇이나 하실 수 있는 하나님이신데 왜 사람을 만드신 것일까요?

하나님이 누리는 세계의 아름다움과 무엇이나 원하는 대로 이뤄지는 공간을 함께 공유할 사랑하는 자녀를 원하신 것입니다. 마치 우리가 좋은 것을 사랑하는 사람과 나누고 싶은 마음과 같습니다. 이러한 소망 가운데 참 자녀를 얻으려는 인간 경작을 계획하셨습니다.

그 시작으로 태초에 하나였던 우주 공간을 영의 세계와 육의 세계로 나누시고 영의 세계에 천군 천사를 비롯한 수많은 영적인 존재와 필요한 모든 것을 만드셨습니다. 하나님께서 친히 거하실 공간은 물론, 장차 하나님의 참 자녀들이 거할 천국과 그들이 경작받는 데 필요한 공간도 준비하셨습니다. 무수한 세월이 흐른 뒤 육의 세계에는 지구를 만드시고 해와 달과 별들, 산천초목 등 사람이 사는 데 필요한 것들을 준비하셨습니다.

하나님 주변에는 천사와 같은 수많은 영적인 존재가 있지만 이들은 로봇과 같이 시키는 대로만 순종할 뿐 사랑을 주고받을 수 있는 존재가 아닙니다. 그래서 자유 의지 가운데 하나님을 사랑하고 그 사랑을 받을 수 있는 참 자녀를 얻기 위해 하나님의 형상을 따라 사람을 창조하신 것입니다.

매우 예쁜 로봇이 원하는 대로 움직여 준다고 해서 자녀를 대신할 수 있을까요? 조금 부족해도 부모의 마음을 느끼고 사랑을 표현할 줄 아는 자녀가 더 사랑스럽습니다. 하나님도 마찬가지입니다. 마음을 나눌 수 있는 참 자녀를 원하셨습니다. 이런 하나님 사랑 가운데 창조된 존재가 바로 첫 사람 아담입니다.

하나님께서는 아담을 지으신 뒤 동방의 에덴이라는 곳에 따로 동산을 창설하고 그를 이끌어 들이셨습니다. 에덴동산은 아담을 위한 하나님의 배려였습니다.

신비하리만큼 아름다운 자연 속에 갖가지 꽃과 나무들이 자라고 사랑스러운 동물들이 뛰놀며 어디를 가든지 풍성한 열매가 가득한 곳입니다. 실크 같은 바람결에 풀잎이 사그락사그락 속삭이고 맑게 비치는 물결이 빛을 받아 보석처럼 일렁입니다. 아무리 상상의 날개를 편다 해도 그 아름다움을 말로 다 표현할 수 없는 곳입니다.

아담을 위해 하나님께서는 하와라는 사랑스런 배필도 주셨습니다. 아담이 스스로 외롭다고 느껴서가 아닙니다. 오랜 세월 홀로 계셨던 하나님께서 그의 마음을 미리 헤아려 베푸신 사랑이지요. 하나님께서 주신 최상의 환경 속에서 그들은 무수한 세월 동안 하나님과 동행하며 만물의 영장으로서 큰 권세를 누리며 살아갑니다.

인간을 경작하시며 참 자녀로 이끄시는 사랑

하지만 아담과 하와에게는 참 자녀가 되기에는 아직 부족한 것이 있었습니다. 하나님 편에서는 마음껏 사랑을 주셨지만 정작 그들은 하나님의 마음을 느끼지 못했습니다. 하나님께서 주신 모든 것을 가지고 누렸지만 자신들이 수고하여 얻은 것이 아니기 때문에 소중함과 고마움을 알지 못했던 것입니다.

또 죽음과 불행을 겪어 본 일이 없기 때문에 그 의미를 몰랐고, 미움을 체험해 본 적이 없기 때문에 사랑의 진정한 가치를 알 수 없었습니다. 지식적으로는 알았다 하더라도 직접적인 체험이 없으니 진정 마음에서 느끼지는 못한 것입니다.

아담과 하와가 뱀의 유혹에 빠져 선악과를 먹은 것도 이 때문입니다. 하나님께서 "네가 먹는 날에는 정녕 죽으리라"(창 2:17) 하셨지만 죽음이 무엇인지 알지 못했지요. 하나님께서 그들이 선악과를 먹을 줄 모르셨던 것일까요? 그렇지 않습니다. 하나님은 다 알고 계셨지만 그럼에도 아담과 하와에게 스스로 선택할 수 있는 기회를 주신 것입니다. 여기에는 인간 경작이라는 섭리가 숨겨져 있습니다.

인간 경작을 통해 눈물, 슬픔, 고통, 사망 등을 체험함으로 장차 천국에 이르러 자신이 누리는 것이 얼마나 귀하고 값진 것인지 깨달아 참된 행복을 누리게 하기 위해서입니다. 그리하여 에덴동산과는 비교할 수도 없을 만큼 아름다운 천국에서 세세토록 사랑을 주고받으려는 섭리이지요.

하나님 말씀을 거역한 아담과 하와는 더는 에덴동산에 살 수 없었습니다. 천하 만물을 호령하던 아담이 권세를 잃으니 그 아래 있던 동식물까지도 저주를 받기에 이릅니다. 풍요롭고 아름답던 이 땅도 가시와 엉겅퀴가 자라며, 땀 흘려 수고하지 않으면 소산을 얻을 수 없게 되었습니다.

하나님은 비록 불순종한 아담과 하와지만 에덴동산과 전혀 환경이 다른 이 땅에서 살아가야 할 그들의 몸을 보호하기 위해 가죽옷을 지어 입히셨습니다(창 3:21). 자녀의 장래를 위해 잠시 곁을 떠나보내는 부모의 심정처럼 애타셨을 것입니다. 이런 하나님의 마음과 달리 인간 경작이 시작된 이래 인류는 급속도로 죄로 물들어 하나님과 멀어져 갔습니다.

"하나님을 알되 하나님으로 영화롭게도 아니하며 감사치도 아니하고 오히려 그 생각이 허망하여지며 미련한 마음이 어두워졌나니 스스로 지혜 있다 하나 우준하게 되어 썩어지지 아니하는 하나님의 영광을 썩어질 사람과 금수와 버러지 형상의 우상으로 바꾸었느니라"(롬 1:21~23)

이러한 인류를 위해 하나님은 이스라엘 민족을 택하여 하나님의 섭리와 사랑을 알려 주십니다. 그들이 하나님 말씀대로 살면 놀라운 기사와 표적을 나타내시며 형통한 축복을 주셨습니다.

반면에 다른 민족을 좇아 우상을 섬기며 하나님을 멀리하고 죄를 지으면 하나님께서는 많은 선지자를 통해 사랑의 마음을 전하셨습니다. 그중 호세아는 이스라엘이 남북으로 분열되어 하나님을 멀리하던 암울한 시대에 활동한 선지자입니다.

어느 날 하나님께서는 호세아에게 "가서 음란한 아내를 취하여 음란한 자식들을 낳으라"(호 1:2)는 특별한 명령을 내리십니다. 경건한 선지자가 행실이 좋지 않은 여인과 결혼한다는 것은 꿈에도 생각지 못할 일입니다. 왜 이런 말씀을 하시는지 깊은 뜻을 다 알지 못했지만 호세아는 순종하여 고멜이라는 여인을 아내로 맞습니다.

한 해 두 해가 지나고 어느덧 자녀도 셋이나 낳았지만 고멜은 쾌락을 좇아 다른 남자에게 가 버렸지요. 그럼에도 하나님께서는 호세아에게 변함없이 그녀를 사랑하라고 하셨습니다(호 3:1). 수소문 끝에 호세아는 은 열다섯 개와 보리 한 호멜 반의 값을 지불하고 아내를 다시 찾아왔습니다.

호세아가 고멜에게 베푼 사랑은 바로 하나님께서 우리에게 베푸신 사랑을 상징합니다. 그리고 '음란한 여인 고멜'은 바로 '죄악에 물든 모든 사람'을 상징하지요. 호세아가 음란한 여인을 아내로 맞은 것처럼 세상에서 죄악에 물들어 있던 우리를 하나님께서 먼저 사랑해 주셨습니다.

어찌하든 모든 사람이 사망의 길에서 돌이켜 하나님의 자녀가 되기 바라며 무한한 사랑을 나타내 주셨습니다. 혹여 세상과 짝하며 잠시 하나님을 멀리한다 해도 "네가 나를 떠났으니 너를 다시 못 받아들이겠다." 하시는 것이 아닙니다. 집 나간 자녀가 돌아오기를 애타게 기다리는 부모보다 더한 심정으로 다시 돌아오기만을 기다리십니다.

만세 전에 예수 그리스도를 예비하신 사랑

누가복음 15장에 나오는 탕자의 비유는 아버지 하나님의 마음을 단적으로 드러내 줍니다. 아버지 밑에서 호의호식하며 자란 아들은 아버지에 대한 감사함이나 자신이 누리는 환경이 얼마나 값지고 좋은지 알지 못했습니다. 하루는 아들이 유산을 미리 달라고 하여 먼 길을 떠나려고 합니다. 아버지가 아직 살아 계신데 유산을 달라는 아들은 철없고 버릇없어 보이기까지 합니다.

부모의 마음을 모르는 아들을 말릴 수 없었던 아버지는 결국 유산을 나누어 줍니다. 신이 난 아들은 먼 길을 떠났습니다. 그때부터 아버지의 아픔은 시작됩니다. "행여 다치지는 않을까? 나쁜 사람을 만나지는 않을까?" 늘 노심초사합니다. 습관처럼 먼 데를 바라보며 돌아오지 않는 아들 생각에 잠도 오지 않습니다.

얼마 지나지 않아 돈이 떨어진 아들은 사람들의 냉대 속에 돼지가 먹는 쥐엄열매로 허기진 배를 채워야 할 만큼 비참

한 신세가 되었습니다. 그제야 아버지의 품이 생각났습니다. 죄송하고 민망한 마음에 고개도 들지 못한 채 돌아오는 아들을 아버지는 달려가 안고 입을 맞춥니다. 못난 아들이라 나무라지 않고 돌아온 것만으로도 기뻐서 어쩔 줄 몰라하며 제일 좋은 옷으로 갈아입히고 살진 송아지를 잡아 잔치를 벌입니다. 이것이 하나님의 마음입니다.

하나님의 사랑은 특정 시대, 특정 사람에게만 해당되는 것이 아닙니다. 디모데전서 2장 4절에 "하나님은 모든 사람이 구원을 받으며 진리를 아는 데 이르기를 원하시느니라" 한 대로 모든 사람이 다 구원에 이르기를 원하십니다. 구원의 문을 열어 놓고 한 영혼이 하나님께로 돌아올 때마다 참으로 기뻐하시고 반갑게 맞으시는 것입니다.

이처럼 끝까지 우리를 놓지 않으시는 하나님의 사랑으로 모든 사람이 구원에 이를 수 있는 길이 열렸습니다. 만세 전에 독생자 예수 그리스도를 예비하신 것입니다. "피 흘림이 없은즉 사함이 없느니라"(히 9:22)는 말씀처럼 예수님의 보혈과 생명으로써 죄인들이 치러야 할 죗값을 대신 지불하신 것이지요.

"하나님의 사랑이 우리에게 이렇게 나타난 바 되었으니 하

나님이 자기의 독생자를 세상에 보내심은 저로 말미암아 우리를 살리려 하심이니라"(요일 4:9)

하나님께서는 인류의 모든 죄를 속량하기 위해 예수님의 보배 피를 흘리게 하셨습니다. 예수님은 십자가에 못 박혀 죽으셨으나 아무 죄가 없으셨기에 사망 권세를 깨뜨리고 삼 일 만에 부활하셨고, 이로써 우리에게 구원의 길이 열린 것입니다. 독생자 아들을 주신다는 것은 말처럼 쉬운 일이 아닙니다. 대개 부모는 자녀에 대한 사랑을 표현할 때 '눈에 넣어도 아프지 않다'고 합니다. 자신의 생명보다 소중한 것이 자녀입니다.

따라서 하나님께서 독생자 예수님을 주신 것은 사랑의 극치를 보여 줍니다. 게다가 주님의 보혈의 공로로 다시 찾은 사람들을 위해 아름다운 천국을 예비하시니 얼마나 놀라운 사랑입니까? 하나님의 사랑은 여기서 그치지 않습니다.

성령을 선물로 주시며 천국까지 인도하시는 사랑

예수 그리스도를 영접하여 죄를 용서받은 사람에게는 누구나 성령을 선물로 주십니다. 성령은 하나님의 마음입니다. 하나님께서는 주님이 승천하신 후 우리 마음에 보혜사 성령을 보내셨습니다.

"성령도 우리 연약함을 도우시나니 우리가 마땅히 빌 바를 알지 못하나 오직 성령이 말할 수 없는 탄식으로 우리를 위하여 친히 간구하시느니라 마음을 감찰하시는 이가 성령의 생각을 아시나니 이는 성령이 하나님의 뜻대로 성도를 위하여 간구하심이니라"(롬 8:26~27)

성령은 우리가 죄를 지으면 말할 수 없는 탄식으로 돌이키도록 이끄십니다. 믿음이 적은 이에게 믿음을 더하고 소망이 없는 이에게는 천국 소망을 더해 주십니다. 어머니가 자녀를 섬세하게 양육하듯이 행여 넘어질세라, 다칠세라 때에 따라 성령의 음성을 들려 주시지요. 우리를 사랑하는 하나님의 마음을 알려 주고 천국까지 인도하시기 위해서입니다.

이러한 사랑을 깊이 깨우친다면 누구나 하나님을 사랑할 수밖에 없습니다. 우리가 하나님을 진심으로 사랑하면 하나님께서는 감당할 수 없을 만큼 크고 놀라운 사랑으로 되돌려 주십니다. 강건함의 축복뿐만 아니라 범사에 잘되고 형통한 복을 주십니다. 이는 영계의 법칙이기도 하지만, 동시에 축복과 응답을 통해 우리가 하나님의 사랑을 느끼기 원하시기 때문입니다.

"나를 사랑하는 자들이 나의 사랑을 입으며 나를 간절히

찾는 자가 나를 만날 것이니라"(잠 8:17)

처음 하나님을 만나 갖가지 문제를 해결받았을 때 무엇을 느끼셨습니까? "나 같은 죄인도 용서해 주셨다."는 사랑을 느꼈을 것입니다. "하늘을 두루마리 삼고 바다를 먹물 삼아도 한없는 하나님의 사랑 다 기록할 수 없노라." 하는 것이 진정한 고백이었을 것입니다. 또 근심 걱정이 없고 질병이나 이별, 사망이 없는 영원한 천국을 주신 하나님의 사랑에 얼마나 가슴 벅차 하며 감격하였는지요?

우리가 먼저 사랑한 것이 아닙니다. 하나님이 먼저 찾아오셔서 손내밀어 주셨습니다. 우리에게 사랑받을 만한 자격이 있어 사랑하신 것이 아닙니다. 죄인으로 죽을 수밖에 없는 우리를 위해 독생자까지 내어 주신 사랑입니다. 모든 사람을 사랑하시되 여인이 젖먹이 자녀를 한시도 잊지 못하는, 그 이상의 크신 사랑으로 우리 모두를 살피시고 천 년을 하루같이 기다리고 또 기다리십니다(사 49:15).

하나님의 사랑은 오랜 세월이 흐른다 해도 변치 않는 진실한 사랑입니다. 장차 우리가 천국에 가면 아름다운 면류관과 빛나는 세마포 옷, 황금 보석으로 만들어진 천국 집 등 하나님께서 준비하신 사랑의 선물에 입을 다물지 못할 것입니다. 이 땅에 살아가는 동안에도 그런 상급과 선물을 준비하

시고 영원한 영광 중에 함께할 날을 손꼽아 기다리시는 하나
님의 사랑을 마음껏 느낄 수 있기 바랍니다.

그리스도의 사랑
The Love of Jesus Christ

그리스도께서 너희를 사랑하신 것같이

너희도 사랑 가운데서 행하라

그는 우리를 위하여 자신을 버리사 향기로운 제물과 생축으로

하나님께 드리셨느니라 엡 5:2

사랑은 불가능한 일을 가능케 하는 위대한 힘이 있습니다. 특히 하나님의 사랑, 주님의 사랑은 참으로 놀랍습니다. 아무것도 할 수 없는 무능한 사람을 모든 것을 할 수 있는 능력자로 바꿉니다. 배움이 많지 않은 어부, 죄인 취급받던 세리, 가난한 자, 과부 등 세상에서 대접받지 못하던 사람들이 예수님을 만났을 때 그 삶이 백팔십도 달라졌습니다. 가난과 질병의 문제를 해결받았고, 무엇보다 이제껏 받아보지 못한 진실한 사랑을 느꼈습니다. 쓸모없는 존재라고 여겼던 영혼들이 하나님 영광의 도구로 새롭게 태어났습니다. 이것이 바로 사랑의 힘입니다.

하늘 영광 버리고 이 땅에 오신 예수님의 사역

태초에 말씀으로 계셨던 하나님께서 친히 사람의 형상을 입고 이 땅에 오셨습니다. 독생자 예수님이십니다. 예수님께서는 죄에 얽매여 사망의 길로 가는 인류를 구원하기 위해 이 땅에 오셨습니다. 예수라는 이름에는 '자기 백성을 저희 죄에서 구원할 자'라는 의미가 담겨 있습니다(마 1:21). 만왕의 왕, 만주의 주로서 존귀와 위엄을 갖추고 오신 것이 아닙니다. 호화로운 왕궁에서 태어나신 것도 아니었습니다. 초라한 짐승의 우리에서 태어나 짐승의 먹이 그릇인 구유에 누이셨지요. 이처럼 낮고 천한 모습으로 태어나신 이유는 무엇일까요?

죄악에 물들어 하나님의 형상을 잃어버림으로 짐승과 다를 바 없게 된 인류를 구원하시기 위해서입니다(전 3:18). 사람의 본분을 벗어나 짐승만도 못한 사람을 대속하기 위해 예수님은 짐승의 우리에서 태어나셨고, 참된 양식이 되기 위해(요 6:51) 짐승의 먹이 그릇인 구유에 누이신 것입니다. 잃어버린 하나님의 형상을 회복하고 사람의 본분을 찾게 하기 위해서입니다.

또한 마태복음 8장 20절에 "여우도 굴이 있고 공중의 새도 거처가 있으되 오직 인자는 머리 둘 곳이 없다" 하신 대로 주무실 곳이 없어 들에 몸을 누이며 추위를 견디고 비를 맞기도 하셨습니다. 먹을 것이 없어 주리기도 하셨습니다. 능력이 없어 그런 것이 아닙니다. 우리의 가난을 대속하기 위함이었습니다. 고린도후서 8장 9절에 "우리 주 예수 그리스도의 은혜를 너희가 알거니와 부요하신 자로서 너희를 위하여 가난하게 되심은 그의 가난함을 인하여 너희로 부요케 하려 하심이니라" 하신 대로입니다.

가나 혼인 잔치에서 물로 포도주를 만드는 첫 표적을 신호탄으로 공생애를 시작하신 예수님은 유대와 갈릴리 인근지

역을 다니며 하나님 나라를 전파하고 많은 기사와 표적을 나타내셨습니다. 보지 못하던 사람이 보았고 듣지 못하던 사람이 들었습니다. 문둥병자가 고침받았고 걷지 못하던 사람이 일어나 걷고 뛰었으며 귀신에 사로잡혀 고통받던 사람이 어둠의 세력에서 놓임받았습니다. 심지어 죽은 지 나흘이 지나 썩은 냄새가 나던 사람이 무덤에서 걸어나왔지요(요 11장).

이처럼 예수님은 이 땅에서 사역하는 동안 놀라운 일을 베푸시며 하나님의 사랑을 깨우쳐 주셨습니다. 뿐만 아니라 근본 하나님과 하나이며 말씀 자체이지만 율법을 온전히 지킴으로 우리에게 친히 본을 보여 주셨지요. 스스로 율법을 다 지켰다고 해서 그렇지 못한 사람들에게 "율법을 어겼으니 사망이라."고 정죄하지도 않았습니다. 다만 한 영혼이라도 더 회개하여 구원에 이르도록 밤낮 진리로 가르치셨습니다.

만일 예수님께서 율법의 잣대로만 엄격하게 측정했다면 세상에 구원받을 사람이 없을 것입니다. 율법은 "하라, 하지 말라, 버리라, 지키라" 하신 하나님의 명령입니다. 즉 "안식일을 지키라, 네 이웃의 집을 탐내지 말라, 부모를 공경하라, 악은 모든 모양이라도 버리라" 등이 이에 속합니다. 이러한 율법은 결국 사랑으로 귀결됩니다. 율법의 세세한 조항과 규례를 지키면 외적으로나마 사랑을 실천할 수 있기 때문입니다.

그러나 하나님께서 원하신 것은 단지 행위로 율법을 지키는 데 그치는 것이 아닙니다. 마음에서 사랑하므로 행하기를 원하셨지요. 하나님의 마음을 누구보다 잘 아셨던 예수님께서는 친히 사랑으로 율법을 완성하셨습니다. 간음한 여인에 대한 사건이 대표적인 예입니다(요 8장). 하루는 서기관들과 바리새인들이 간음하다 잡힌 여인을 끌고 와서 가운데 세우고 예수님께 묻습니다.

"모세는 율법에 이러한 여자를 돌로 치라 명하였거니와 선생은 어떻게 말하겠나이까"(요 8:5)

그들이 이렇게 말한 것은 예수님을 고소할 조건을 찾기 위함이었습니다. 그 당시 여인의 마음이 어떠했을까요? 사람들 앞에서 범죄한 것이 드러났으니 수치심은 물론, 율법대로 돌에 맞아 죽게 될 것을 생각하고 공포로 떨었을 것입니다. 예수님의 입에서 "돌로 치라."는 한 마디만 떨어지면 빗발치듯 날아드는 돌에 맞아 죽어야 할 입장이었으니 얼마나 두려웠겠습니까?

예수님은 "율법대로 처벌하라."고 하지 않고 몸을 굽힌 채 땅에다 무언가 쓰셨습니다. 바로 사람들이 짓는 공통 죄목들이었습니다. 죄를 나열하신 뒤 "너희 중에 죄 없는 자가 먼저 돌로 치라." 말씀합니다. 모두가 하나님 앞에서는 죄인이므로 서로 정죄할 수 없음을 깨닫게 하셨습니다. 그 뒤 또다시 몸을 굽히고 땅에 쓰십니다.

이번에는 그곳에 모인 사람들의 죄를 본 듯이 언제, 어디서, 어떤 죄를 지었는지 상세하게 쓰셨지요. 양심의 가책을 받은 사람들은 하나 둘 슬그머니 그 자리를 떠납니다. 마침내 예수님과 여인만 남았습니다. 이때 예수님께서는 "너를 고소하던 그들이 어디 있느냐 너를 정죄한 자가 없느냐?" 하고 물으셨습니다. 주위를 둘러보며 "주여, 없나이다." 대답하는 여인을 향해 "나도 너를 정죄하지 아니하노니 가서 다시는 죄를 범치 말라." 말씀하셨지요.

그 여인이 범죄하면 돌에 맞아 죽는다는 것을 모르고 죄를 지었을까요? 그렇지 않습니다. 율법을 듣고 배워서 알면서도 정욕을 이기지 못하고 범죄한 것입니다. 그 죄가 드러나 죽음이 기다리고 있을 때 예상치 못한 예수님의 용서를 체험한 여인은 얼마나 감격의 눈물을 흘렸겠습니까? 예수님의 사랑을 기억하는 한, 다시는 율법을 어기고 범죄할 수 없을 것입니다.

예수님이 율법을 어긴 여인을 사랑으로 용서하셨으니, 이제 하나님과 이웃을 사랑하는 마음만 있으면 율법은 필요없는 것일까요? 그렇지는 않습니다. 예수님께서도 "내가 율법이나 선지자나 폐하러 온 줄로 생각지 말라 폐하러 온 것이 아니요 완전케 하려 함이로라"(마 5:17) 하셨지요. 율법이 있기에 하나님의 뜻을 더욱 온전하게 행할 수 있습니다. 누군가 "하나님을 사랑합니다." 고백한다면 그 사랑이 얼마나 크고 넓은지 알 수 없습니다. 율법이 있기 때문에 체크할 수 있지요. 마음 다해 하나님을 사랑한다면 당연히 율법을 지킬 것이기 때문입니다. 이런 사람들은 율법을 지키는 것이 조금도 힘들지 않습니다. 게다가 율법에 합당하게 행한 만큼 하나님을 사랑하는 증거가 되어 사랑과 축복을 받습니다.

하지만 예수님 당시 율법주의자들은 율법에 담긴 하나님의 사랑이나 마음을 거룩하게 하는 데에는 관심이 없고 형식에만 치우쳤습니다. 율법을 지키는 것으로 자기만족을 삼고 심지어 우월의식까지 있었습니다. 자신들은 율법을 지킨다고 생각했기 때문에 그렇지 못한 사람들에 대해서는 곧장 판단하고 정죄했지요. 심지어 율법 안에 담긴 참된 의미를 설명하며 하나님의 마음을 가르치는 예수님을 보고도 잘못되었다, 귀신 들렸다고 말합니다.

바리새인들에게는 사랑이 없었기 때문에 아무리 철저하게

율법을 준행했다 해도 그들의 영혼에는 아무 유익이 되지 않았습니다(고전 13:1~3). 마음에 있는 악을 버리기는커녕 율법의 지식으로 판단 정죄했기 때문에 스스로 하나님과 멀어졌고, 결국 하나님의 아들을 못 박는 돌이킬 수 없는 죄를 행하고 맙니다.

죽기까지 순종하여 십자가 섭리를 이루신 사랑

3년간의 공생애가 끝나갈 무렵, 예수님은 십자가 고난을 앞두고, 감람산에 오르셨습니다. 밤이 깊어 가는 동안, 예수님께서는 십자가의 죽음을 앞두고 간절히 기도했습니다. 그 기도는 죄가 전혀 없는 예수님 자신의 피 값으로 모든 영혼을 구원하시려는 생명을 건 절규였습니다. 십자가 고난을 온전히 감당하고자 능력을 구하는 기도였지요. 얼마나 힘쓰고 애써 간절히 기도하였던지 미세한 혈관이 터져 땀방울이 핏방울이 되어 떨어질 정도였습니다(눅 22:42~44).

그날 밤, 군병들에게 잡히신 예수님께서는 이리저리 끌려다니며 심문을 받으신 뒤 빌라도 법정에서 사형 판결을 받습니다. 로마 병사들은 예수님의 머리에 가시 면류관을 씌우고 침을 뱉고 때리며 처형장으로 끌고 갔습니다(마 27:28~31). 밤새 희롱을 당하고 채찍에 맞아 피로 얼룩진 몸으로 나무 십자가를 지고 골고다 언덕을 오릅니다. 그 뒤를 큰 무리가 따랐습니다. 한때는 '호산나'를 외치며 환영했던 군중이 이제는 폭도로 변하여 "십자가에 못 박으라" 소리쳤습니다. 피로 얼룩진 예수님의 얼굴은 알아보기도 어렵습니다. 고문으로 탈진하여 한 발자국 떼기도 힘겨웠지요.

골고다 언덕에 이른 예수님께서는 우리 죄를 대속하기 위해 십자가에 못 박히셨습니다. '죄의 삯은 사망'(롬 6:23)이라는 율법의 저주 아래 놓인 우리를 속량하려고 나무 십자가에 달려 보혈을 다 쏟으셨습니다. 가시 면류관을 쓰고 피 흘리심으로 우리가 생각으로 지은 모든 죄를 대속하셨고, 손과 발에 못 박혀 피 흘리신 것은 우리가 손과 발로 지은 죄를 대속하기 위해서였습니다. 이러한 사실을 깨닫지 못하는 무지한 백성과 관원들은 십자가에 달리신 예수님을 조롱하고 비웃었지요(눅 23:35~37). 극심한 고통을 당하면서도 예수님께서는 자신을 십자가에 못 박는 이들을 위해 용서와 사랑의 기도를 올리십니다.

"아버지여 저희를 사하여 주옵소서 자기의 하는 것을 알지 못함이니이다"(눅 23:34)

십자가 형벌은 참으로 잔혹한 사형법 중의 하나입니다.

다른 형벌에 비해 오랜 시간 고통을 받아야 하기 때문입니다. 손과 발에 못 박힌 채 살이 찢기는 고통뿐 아니라 심한 탈수와 혈액 순환 장애로 장기들이 서서히 기능을 상실하고, 피 냄새를 맡고 몰려드는 벌레들에게 시달리는 고통까지 가중됩니다. 십자가 위에서 예수님은 어떠한 생각을 하셨을까요? 단순히 피부에 와 닿는 고통 때문에 괴로워하신 것이 아닙니다. 지난날과 하나님께서 사람을 지은 목적과 경작하시는 의미, 자신을 화목 제물로 줄 수밖에 없는 이유를 생각하며 마음속 깊이 감사의 기도를 올렸습니다.

예수님은 십자가에 못 박힌 채 무려 여섯 시간 동안이나 고통당하신 뒤 "내가 목마르다"는 말씀을 하셨습니다(요 19:28). 영적인 목마름, 곧 사망의 길로 가는 영혼을 찾기 위한 목마름입니다. 앞으로 세상에 살아갈 무수한 사람들을 생각하시면서 왜 자신이 피 흘려 죽어야 했는지, 십자가의 복음을 전하여 영혼을 구원해 달라는 부탁의 말씀이었지요.

이윽고 "다 이루었다"(요 19:30) 고백하신 예수님은 마침내 "아버지여 내 영혼을 아버지 손에 부탁하나이다"(눅 23:46)라는 말씀을 남기고 운명하셨습니다. 인류에게 구원의 길을 열어 주기 위한 화목 제물로서의 사명을 완수하셨기에 자신의 영혼을 하나님께 부탁하신 것입니다. 참으로 인류 역사상 사랑의 절정을 이루는 순간이었습니다.

이때부터 하나님과 막힌 죄의 담이 허물어지고 우리는 하나님과 직접 교통할 수 있게 되었습니다. 전에는 대제사장이 우리를 대신해서 죄를 대속할 제사를 드렸으나 이제는 그렇지 않습니다. 누구나 예수 그리스도를 믿으면 거룩한 성전에 들어와 직접 예배드릴 수 있게 되었습니다.

천국의 처소를 예비하며 한 영혼이라도 더 이끄시는 사랑

십자가를 지기 전, 예수님께서는 제자들에게 앞으로 될 일을 미리 알려 주셨습니다. 아버지 하나님의 뜻과 섭리를 이루기 위해 십자가를 져야 하지만 이를 듣고 근심하는 제자들에게 천국의 처소를 말씀하시며 위로하지요.

"너희는 마음에 근심하지 말라 하나님을 믿으니 또 나를 믿으라 내 아버지 집에 거할 곳이 많도다 그렇지 않으면 너희에게 일렀으리라 내가 너희를 위하여 처소를 예비하러 가노니 가서 너희를 위하여 처소를 예비하면 내가 다시 와서 너희를 내게로 영접하여 나 있는 곳에 너희도 있게 하리라"(요 14:1~3)

실제로 사망 권세를 깨뜨리고 부활하신 예수님은 많은

사람이 보는 가운데 하늘로 오르셨는데 바로 천국의 처소를 예비하러 가신 것입니다. '처소를 예비하러 간다'고 하신 의미는 무엇일까요?

요한일서 2장 2절에 "저는 우리 죄를 위한 화목 제물이니 우리만 위할 뿐 아니요 온 세상의 죄를 위하심이라" 하신 대로 예수님께서 죄의 담을 헐어 주셨으니 누구든지 믿음으로 천국을 소유하게 되었음을 의미합니다. 또 "내 아버지 집에 거할 곳이 많도다" 말씀하신 데에는 모든 사람이 구원에 이르기를 원하는 주님의 마음이 담겨 있습니다. 단순히 '천국'에 거할 곳이 많도다 하지 않고 '내 아버지 집'이라 표현한 이유는 예수님의 보혈의 공로로 우리가 하나님을 "아바 아버지"로 부를 수 있게 되었기 때문입니다.

주님께서는 지금도 우리를 위해 끊임없이 중보 기도를 올리고 계십니다. 먹지도 마시지도 않으며 아버지 하나님 보좌 앞에 나아가 간절히 기도하시지요(마 26:29). 이 땅에서 우리가 경작을 잘 받아 승리할 수 있도록, 영혼이 잘되는 축복을 받아 하나님 영광을 나타내도록 간구하시는 것입니다.

뿐만 아니라 인간 경작을 마친 후 백보좌 대심판 때에도 주님께서는 한시도 긴장의 끈을 놓지 않으십니다. 공의 가운데 한 치 오차 없이 이루어지는 심판대 앞에서 모든 사람이 자신의 행한 일들에 대해 낱낱이 심판받기 때문입니다. 주님은 구원받은 하나님의 자녀들이 더 좋은 천국의 처소와 상급을 받을 수 있도록 "내가 보혈로 씻었노라"고 변호해 주십니다. 이 땅에 오셔서 직접 사람들이 겪는 모든 것을 체험하셨기에 변호사와 같은 역할을 하면서 상대의 입장에서 대변하시는 것입니다. 이러한 그리스도의 사랑을 어찌 다 헤아릴 수 있겠습니까?

하나님께서는 독생자 예수 그리스도를 통해 우리를 향한 하나님의 사랑을 알려 주셨습니다. 이 사랑은 마지막 피 한 방울까지도 아끼지 않는 생명 다한 사랑입니다. 무조건적이고 변함이 없는 사랑이며 일흔 번씩 일곱 번이라도 용서하는 사랑이지요. 과연 이 사랑에서 누가 우리를 끊을 수 있겠습니까?

"사망이나 생명이나 천사들이나 권세자들이나 현재 일이나 장래 일이나 능력이나 높음이나 깊음이나 다른 아무 피조물이라도 우리를 우리 주 그리스도 예수 안에 있는 하나님의 사랑에서 끊을 수 없으리라"(롬 8:38~39)

사도 바울은 이러한 하나님의 사랑, 그리스도의 사랑을

깨달았기에 자신의 삶을 온전히 포기하고 오직 하나님의 뜻대로 순종하는 사도로서의 삶을 살았습니다. 뿐만 아니라 이방인 선교를 위해 자신의 목숨을 조금도 아끼지 않고 공의를 뛰어넘는 하나님의 사랑을 실천하며 무수한 영혼을 구원의 길로 인도하였습니다. '이단의 괴수'라는 말을 듣는다 해도 사랑으로 율법을 완성하며 일생을 복음 전도자로 바쳤습니다. 측량할 수 없을 만큼 높고 깊고 넓은 하나님과 주님의 사랑을 땅 끝까지 전파한 것입니다.

이처럼 사랑으로 율법을 완성하는 하나님의 참 자녀가 되어 가장 아름다운 천국 새 예루살렘에서 영원토록 함께하며 하나님의 사랑, 그리스도의 사랑을 나눌 수 있기를 주님의 이름으로 기원합니다.

멈추지 않는다 신앙 간증 수기 II

상상할 수 없는 시련 가운데 이렇게 믿음의 승리를 이루어 왔는가?
치열한 영적 싸움의 현장에서 놀라운 권능과
불같은 성령의 역사를 일으킨 원동력은 무엇인가?

젖과 꿀이 흐르는 땅 가나안 정복사

수천 년의 시간을 뛰어넘어 바라다본 이스라엘 역사를 통해
우리가 간과하기 쉬운 미세한 일들이
삶에 얼마나 큰 반향을 일으키는지
마음 깊이 깨닫게 하는 감동의 메시지!

깨어라! 이스라엘

마지막 때 숨겨진 하나님의 사랑과 비밀

간절히 메시야를 기다려 왔던 모든 유대인들에게
하나님의 사랑을 깨닫게 하며,
마지막 때를 살아가는 온 인류에게 전하는 경고의 메시지!

주님의 자취 (상·하) 요한복음 강해

탄생부터 고난, 부활 승천에 이르기까지
예수님의 행적에 담긴 깊은 영적인 의미를 깨우쳐 줌으로,
영적 성장은 물론, 응답과 축복의 길로 안내할 예수님의 안내기

일곱교회 모든 교회를 깨우시는 주님의 메시지

사도 요한을 통한 교회의 참 모습을 찾으시는 주님의 간절한 외침.
일곱 별의 비밀은 무엇인가?
주님께서 진정 기뻐하시는 교회는 어떤 교회인가?

주요 번/역/서

신앙 간증 수기 1

죽음 앞에서 영생을 맛보며
16개 언어로 출간

사망의 음침한 늪에서 하루아침에 다시 태어난
이재록 목사의 생생한 간증 수기

십자가의 도 전 세계인의 필독서

60개 언어로 출간

전 세계 무수한 영혼을 영적인 잠에서 깨우고
참 생명을 얻게 해준 감동의 메시지!
하나님의 참사랑이 이곳에 담겨 있다.

천 국(상) 수정같이 맑고 아름다운 곳

36개 언어로 출간

하나님의 영광 가운데 영원히 행복과 영화를 누릴
황홀한 천국 생활에 대해 생생하게 묘사한 그림 같은 메시지

천 국(하) 하나님의 영광이 드리운 곳

31개 언어로 출간

황홀한 황금보석 집에서 천사들의 수종을 받으며
세세토록 왕 노릇 하는 새 예루살렘.
그곳에서의 일들이 궁금하지 않으십니까?

지 옥 이제까지 밝혀지지 않았던 지옥의 참상
39개 언어로 출간

한 영혼도 지옥에 떨어지지 않기를 원하시는 하나님께서
온 인류에게 보내는 간절한 사랑의 메시지

믿음의 분량 믿음의 단계별 지침서
31개 언어로 출간

각 사람의 믿음에 따라 천국에서는 어떤 처소와 상급을 받을까?
현재 자신의 믿음의 분량을 측정해 볼 수 있게 하며,
믿음의 선진들처럼 최고의 분량에 이르는 길을
구체적으로 제시하고 있다.

치료하는 여호와 치료편
33개 언어로 출간

성경은 질병에 걸리지 않고 건강하게 살아가는 길.
상한 마음과 질병으로 인한 육체적 고통까지 다 치료하시는
능력의 하나님을 만나도록 이끌어줄 것이다.

깨어라! 이스라엘
마지막 때 숨겨진 하나님의 사랑과 비밀
16개 언어로 출간

간절히 메시아를 기다려 온 모든 유대인에게
하나님의 사랑을 깨닫게 하며,
마지막 때를 살아가는 온 인류에게 전하는 경고의 메시지!

사랑은
율법의 완성

초판 1쇄 발행 2013년 12월 25일
　　2쇄 발행 2016년 2월 26일

———

지은이　이재록
발행인　빈성남
편집인　빈금선

———

발행처　우림북
영업부　02-837-7632, 070-8240-2072
팩 스　02-869-1537

———

등록번호 164-11-01027

———

Copyright ⓒ 2019 우림북
판권 본사 소유 | 파본은 교환해 드립니다.

———

값 6,000원

ISBN 978-89-7557-873-1 02230

우림
우림은 구약 시대에 대제사장이 하나님의 뜻을 묻기 위해 판결 흉패 안에 넣어 사용하던
도구 중의 하나이며, 히브리어로 '빛'이라는 의미가 있습니다(출애굽기 28:30).
빛은 곧 하나님 말씀이며 생명입니다.
우림북은 온 누리에 참 빛을 비추고자 오늘도 기도와 정성으로 문서선교 사역에 앞장서고 있습니다.
www.urimbooks.com

www.ingramcontent.com/pod-product-compliance
Lightning Source LLC
Chambersburg PA
CBHW061729120626
46550CB00005B/1751